Estudios de la OCDE sobre Gobernanza Pública

Estudio del Sistema Electrónico de Contratación Pública de México

REDISEÑANDO COMPRANET DE MANERA INCLUYENTE

Tanto este documento, así como cualquier dato y cualquier mapa que se incluya en él, se entenderán sin perjuicio respecto al estatus o la soberanía de cualquier territorio, a la delimitación de fronteras y límites internacionales, ni al nombre de cualquier territorio, ciudad o área.

Por favor, cite esta publicación de la siguiente manera:
OCDE (2018), *Estudio del Sistema Electrónico de Contratación Pública de México: Rediseñando CompraNet de manera incluyente*, Estudios de la OCDE sobre Gobernanza Pública, Éditions OCDE, París. *http://dx.doi.org/10.1787/9789264287938-es*

ISBN 978-92-64-28743-3 (impresa)
ISBN 978-92-64-28793-8 (PDF)

Serie: Estudios de la OCDE sobre Gobernanza Pública
ISSN 2414-3308 (impresa)
ISSN 2414-3316 (en línea)

Prólogo

La contratación pública es una actividad económica clave para los gobiernos. Por tanto, tiene efectos importantes sobre la forma en que el dinero de los contribuyentes se destina a prestar servicios públicos. En México, el gasto en contratación gubernamental en 2015 fue de alrededor de 111.5 mil millones de dólares estadounidenses, representando 21% del gasto total del gobierno. Dado que el sector público es un elemento crucial para la productividad de la economía, el impacto del gasto público sobre los intereses nacionales va más allá de la mera prestación de servicios públicos. Los gobiernos apoyan la productividad a través del monto de sus gastos, pero también desarrollando y respaldando un entorno que sea capaz de crear condiciones adecuadas para que las empresas inviertan e innoven, y para que las sociedades prosperen.

La eficiencia y la integridad de los servicios públicos de México, en particular en lo relacionado con el uso de recursos del estado, están sujetas a la supervisión de diversos actores. El carácter horizontal de la contratación pública y su vulnerabilidad ante actos de corrupción han centrado la atención en garantizar que los recursos públicos se gasten de manera eficaz y equitativa. El trabajo continuo del gobierno federal para incrementar la eficiencia en el gasto público y minimizar el riesgo de corrupción ha sido desprestigiado por escándalos que dañan la percepción del público sobre las compras gubernamentales. Eliminar la corrupción forma parte importante de los esfuerzos por aumentar la productividad, ya que esta afecta a los determinantes clave de su crecimiento, tales como la innovación y la difusión de nuevas tecnologías, un entorno de mercado favorable y la asignación de recursos. Por consiguiente, mitigar el riesgo de corrupción representa un paso importante en el camino del país hacia un desarrollo sostenible e incluyente.

El '*Estudio del Sistema Electrónico de Contratación Pública de México: Rediseñando CompraNet de Manera Incluyente*' destaca que reformar el sistema de contratación pública no solo es necesario para mostrar que el uso de los fondos públicos es eficaz y equitativo al brindar servicios, sino también para reconstruir la confianza de los mexicanos en su gobierno. La digitalización de la actividad gubernamental representa una oportunidad de mejorar radicalmente la interacción del gobierno con los ciudadanos, las empresas y la sociedad civil. En este sentido, la Recomendación del Consejo de la OCDE sobre Estrategias de Gobierno Digital apoya las políticas públicas y los métodos destinados a alcanzar una mayor transparencia, apertura e inclusión de los procesos y operaciones gubernamentales. Las experiencias de los países de la OCDE han demostrado que la contratación electrónica tiene el potencial de lograr estos objetivos.

Desde 1996, el gobierno federal ha utilizado el sistema CompraNet para interactuar con el mercado de proveedores. En el momento de su creación, CompraNet representó un método innovador de contratación electrónica en América Latina. Se trata de una interfaz fundamental tanto para el gobierno como para los proveedores, y ha sido una herramienta poderosa para incrementar la participación de las pequeñas y medianas empresas (PYMEs) en la contratación gubernamental. Ahora, la actual administración desea aprovechar los avances tecnológicos para establecer una visión del futuro del sistema. Las tendencias actuales indican que la siguiente generación de reformas a la contratación electrónica implicará la integración digital de todas las entidades gubernamentales y el enlace con otras áreas de gobierno, como la financiera y la fiscal. En el corto plazo, esto permitirá recabar datos y utilizarlos para garantizar la rendición de cuentas respecto al gasto público, mientras que en el largo plazo será importante para diseñar la política gubernamental en la materia.

La OCDE fue invitada por la Secretaría de la Función Pública (SFP) a armonizar las perspectivas de un amplio grupo de actores en una sola visión que coincida con las mejores prácticas internacionales. De implementarse con eficacia, la reforma de CompraNet elevará la productividad del servicio público, mejorará la calidad y reducirá el costo de los bienes y servicios adquiridos por el gobierno. También constituirá un hito en el desarrollo de la Estrategia Digital Nacional, la cual servirá como catalizador para el crecimiento del país, de conformidad con el Plan Nacional de Desarrollo.

La hoja de ruta presentada en este estudio, producto de una revisión entre pares, traza un enfoque por etapas para rediseñar el sistema. Este enfoque permite vigilar de cerca la ejecución y, en un país donde la contratación electrónica está bien arraigada, amortigua el impacto que los cambios puedan generar en los usuarios. La primera etapa de dicha hoja de ruta buscará mitigar algunos de los mayores riesgos a la integridad al mejorar el cumplimiento con el sistema. La segunda etapa, que representa un escalón hacia la integración del sistema, permitirá recolectar la información sobre contratación pública y reutilizarla en un formato de datos abiertos. Esto apoyará a la tercera y última fase, la eventual transición a un sistema plenamente transaccional, integrado con otros sistemas gubernamentales.

Se espera que la evolución de CompraNet a lo largo de estas tres etapas logre mejoras graduales en la eficiencia y la eficacia del sistema. Dado el amplio alcance de CompraNet en la actividad económica de México, los efectos indirectos de estas mejoras pueden generar incrementos en la productividad de los empleados gubernamentales, las capacidades y la competitividad en materia digital de los proveedores, el valor por el dinero del gasto gubernamental y la confianza de los mexicanos en sus instituciones públicas.

Angel Gurría
Secretario General de la OCDE

Agradecimientos

Bajo la dirección y supervisión del Director de Gobernanza Pública, y János Bertók, Jefe de la División de Integridad en el Sector Público, este estudio fue coordinado por Jacobo Pastor García Villarreal, Especialista Sénior en Políticas de Integridad y Compras Públicas, con el apoyo de Paulo Magina, Jefe de la Unidad de Contratación Pública de la OCDE. Los autores del informe son Andy Cochrane y Juan Pablo Bolaños.

Se recibieron valiosos comentarios y sugerencias de Matthieu Cahen. La asistencia editorial estuvo a cargo de Thibaut Gigou, Meral Gedik y Victoria Elliott. Pauline Alexandrov, Alpha Zambou, Edwina Collins y Nadjad Bacar ofrecieron apoyo administrativo.

La OCDE agradece a la Secretaría de la Función Pública (SFP) de México por su cooperación y liderazgo, en particular a la secretaria Arely Gómez González; el subsecretario de la Función Pública, Eber Betanzos Torres; el subsecretario de Responsabilidades Administrativas y Contrataciones Públicas, José Gabriel Carreño Camacho; el titular de la Unidad de Política de Contrataciones Públicas, Alejandro Luna; la titular de la Unidad de Políticas de Apertura Gubernamental y Cooperación Internacional, Alejandra Rascón, así como todo el equipo y todos los departamentos de la SFP y del gobierno mexicano que participaron en el proceso. La embajadora Mónica Aspe y Maya Alejandra Camacho Dávalos, de la Representación Permanente de México ante la OCDE, apoyaron a la Organización en este proyecto.

Esta publicación forma parte de una serie de estudios de pares sobre contratación pública realizados en economías de la OCDE, del G20 y otras no pertenecientes a la Organización. Se benefició de aportaciones de funcionarios de contratación pública de alto nivel que participaron en la Reunión del Grupo de Trabajo de Expertos Líderes en Compras Públicas, sostenida en París del 16 al 18 de octubre de 2017, presidida por Dag Stromsnes, Oficial Jefe de Contratación, Agencia para la Gestión Pública y el gobierno electrónico (Difi) de Noruega. Nuestro agradecimiento especial para los principales revisores: María Margarita Zuleta, hasta fecha reciente directora general de Colombia Compra Eficiente, y Guillermo Burr Ortúzar, jefe de Investigación e Información Empresarial, Chile Compra.

El estudio recibió también contribuciones de funcionarios de alto nivel de la Auditoría Superior de la Federación (ASF); la Comisión Federal de Competencia Económica (COFECE); el Instituto Nacional de Transparencia, Acceso a la Información y Protección de Datos Personales (INAI); de la Secretaría Ejecutiva del Sistema Nacional Anticorrupción, así como de organizaciones de la sociedad civil y cámaras de comercio participantes en el Grupo de Trabajo Plural en Compras Públicas.

El Centro de la OCDE en México, bajo la dirección de Roberto Martínez, y su personal del área de publicaciones, en particular Alejandro Camacho, coordinaron el proceso editorial de la publicación en español.

El estudio fue aprobado por el Grupo de Trabajo de Expertos Líderes en Compras Públicas (LPP, por sus siglas en inglés) de la OCDE el 27 de noviembre de 2017 y desclasificado por el Comité de Gobernanza Pública el 21 de diciembre de 2017.

Índice

Cuadros

Gráficas

Recuadros

Siga las publicaciones de la OCDE en:

 http://twitter.com/OECD_Pubs

http://www.facebook.com/OECDPublications

 http://www.linkedin.com/groups/OECD-Publications-4645871

 http://www.youtube.com/oecdilibrary

http://www.oecd.org/oecddirect/

Abreviaturas y acrónimos

ADB	Banco Asiático de Desarrollo (BAD) - Asian Development Bank
ASF	Auditoría Superior de la Federación
BI	Inteligencia empresarial (IE)
BRIAS	Sistema de Análisis de Indicadores de Colusión en Licitaciones de Corea
CCE	Consejo Coordinador Empresarial
COFECE	Comisión Federal de Competencia Económica
CPB	Órgano Central de Compras (OCC)
CPO	Director de Contratación Pública (DCP) - Chief Procurement Officer
CSO	Organizaciones de la Sociedad Civil (OSC)
CUCOP	Clasificador Único de las Contrataciones Públicas
DOF	Diario Oficial de la Federación
EUR	Euro
FTC	Comisión de Comercio Justo de Corea (CCJ)
GDP	Producto Interno Bruto (PIB)
GMC	Contrato Gubernamental Modelo (CGM) (en Nueva Zelanda)
ICT	Tecnología de la Información y la Comunicación (TIC)
IMCO	Instituto Mexicano para la Competitividad
IMSS	Instituto Mexicano del Seguro Social
INAI	Instituto Nacional de Transparencia, Acceso a la Información y Protección de Datos Personales
INADEM	Instituto Nacional del Emprendedor
IT	Información y Tecnología - Information and Technology
LAASSP	Ley de Adquisiciones, Arrendamientos y Servicios del Sector Público
LOPSRM	Ley de Obras Públicas y Servicios Relacionados con las Mismas
KONEPS	Sistema de contratación electrónica de Corea
KRW	Won coreano
OCDS	Estándar de Datos de Contrataciones Abiertas (EDCA)
OCP	Alianza para las contrataciones abiertas
OCDE	Organización para la Cooperación y el Desarrollo Económicos

MBIE	Ministerio de Negocios, Innovación y Empleo de Nueva Zelanda (MNIE) - Ministry of Business, Innovation and Employment in New Zealand
MCCI	Mexicanos Contra la Corrupción y la Impunidad
MXN	Peso mexicano
RIA	Análisis de Impacto Regulatorio
RUPC	Registro Único de Proveedores y Contratistas
PPS	Servicios de Contratación Pública de Corea (SCP)
PwC	PricewaterhouseCoopers
SAT	Sistema de Administración Tributaria
SaaS	Software como servicio - Software as a Service
SECODAM	Secretaría de la Contraloría y Desarrollo Administrativo, 1994-2000
SECOP II	Sistema Electrónico para la Contratación Pública
SFP	Secretaría de la Función Pública
SGC	Coordinador de subgrupo (CS)
SICOP	Sistema de Contabilidad y Presupuesto
SIDEC	Sistema Integral de Denuncias Ciudadanas
SIIP	Sistema Integrado de Información Financiera
SME	Pequeña y Mediana Empresas (PYME) - Small and Medium-size Enterprise
TS	Secretaría Técnica (ST)
UNCITRAL	Comisión de las Naciones Unidas para el Derecho Mercantil Internacional - United Nations Commission on International Trade Law
UNSPC	Catálogo de Productos y Servicios Estándar de las Naciones Unidas - United Nations Standard Products and Services Code
UNWRA	Organismo de Obras Públicas y Socorro de las Naciones Unidas - United Nations Relief and Works Agency
UPAGCI	Unidad de Políticas de Apertura Gubernamental y Cooperación Internacional
UPCP	Unidad de Política de Contrataciones Públicas
USD	Dólar estadounidense
VS	Declaración de visión
WKStA	Oficina del Fiscal Público contra la Corrupción y Delitos de Cuello Blanco de Alemania (Zentrale Staatsanwaltschaft zur Verfolgung von Wirtschaftsstrafsachen und Korruption)

Resumen ejecutivo

Los contribuyentes exigen cada vez más que el gasto público sea confiable y eficiente, sobre todo en tiempos de consolidación fiscal. Los gobiernos de los países de la OCDE prestan mayor atención a la manera como gastan los escasos recursos presupuestarios y el de México no es la excepción. Restablecer la confianza en las instituciones públicas ha sido un objetivo fundamental en muchas reformas e iniciativas recién emprendidas por el gobierno mexicano. El gran volumen de la contratación pública y su elevada exposición al riesgo representan oportunidades claras de recuperar la confianza pública no sólo en la integridad del gobierno, sino también en su eficiencia.

Además de leyes y regulaciones, la evolución de la tecnología utilizada en la contratación pública genera efectos indirectos sobre el sistema total, ya que puede cambiar de forma radical la manera de realizar y reportar las operaciones de contratación pública. Desde hace largo tiempo en los países de la OCDE se han utilizado plataformas de contratación electrónica para promover la transparencia, y CompraNet siempre ha constituido una herramienta imprescindible en esa tarea. Los avances obtenidos a últimas fechas en el área de la tecnología ahora ofrecen a las autoridades nuevas posibilidades de mejorar la eficacia y la gestión estratégica de riesgos en la contratación pública.

En el reporte de la OCDE *Estudio del Sistema Electrónico de Contratación Pública de México: Rediseñando CompraNet de manera incluyente* se evalúa el alcance actual del sistema, la forma en que funciona y cuán adecuado es para apoyar una contratación electrónica eficiente, eficaz y transparente en México. Reformar CompraNet implicará modernizar el sistema, para que además de permitir el acceso a documentos relacionados con la contratación gubernamental, pueda ofrecer un enfoque más estratégico a dicho proceso. Esto ayudará a identificar las deficiencias en el ciclo de contratación pública y detectar cómo la tecnología puede ayudar a simplificar el proceso y a reducir al mínimo la exposición al riesgo.

En la puesta en marcha de la reforma de la contratación electrónica intervendrán múltiples partes con intereses distintos y algunas veces opuestos. Hasta ahora la participación de los actores ha sido amplia e integral, lo cual ha generado un proceso de reforma incluyente y colaborativo, encabezado por la Secretaría de la Función Pública (SFP). Se invitó a líderes del sector empresarial, de la sociedad civil y del sector público a ayudar a desarrollar recomendaciones para mejorar CompraNet, y se conformó un Grupo de Trabajo Plural sobre Contratación Pública. El objetivo de dicho grupo era crear consenso sobre la modernización y la ampliación del sistema CompraNet.

Para lograr los resultados deseados, la SFP se necesitará centrar en la etapa de implementación. Un método escalonado permitirá ejercer una supervisión más estrecha y controlar el cumplimiento del objetivo, y a la vez reducir el efecto del cambio sobre los usuarios del sistema y otras partes interesadas. Se preparó un plan de trabajo para CompraNet, el cual toma en cuenta el contexto específico de México y el estado actual de dicho sistema. Se distinguieron tres etapas (para el corto, el mediano y el largo plazos), de modo que CompraNet, de ser un sistema orientado al cumplimiento, pueda convertirse en una plataforma que genere información sobre contratación pública y, en la tercera etapa, en un sistema de operaciones de compra plenamente integrado.

Recomendaciones clave

Ajustar la estrategia de contratación electrónica a un programa de reforma amplio y coordinado.

Es conveniente que el sistema de contratación electrónica forme parte de un programa multifácetico que concuerde con otros aspectos de la reforma en contratación (como los entornos legal y de política o el entorno del sector privado). Si la realización de cambios considerables a CompraNet se considera simplemente como un proyecto de modernización tecnológica, sin acompañarla de una reforma en la contratación pública, el proyecto podría no alcanzar los beneficios previstos.

Trabajar hacia un proceso de contratación electrónica más eficiente, eficaz y transparente.

Recientemente, el propósito central de los sistemas de contratación electrónica de los países de la OCDE cambió de constituir una plataforma para la transparencia y la divulgación de oportunidades de contratación pública, a ayudar a aumentar la eficiencia y la eficacia en este ámbito. Alcanzarlo requiere identificar las etapas del ciclo de contratación en las que más se requieren las soluciones tecnológicas.

Garantizar la integridad en los procesos de contratación pública.

Pese a los intentos de aportar un marco institucional, jurídico y regulatorio para prevenir la corrupción en la contratación pública, la confianza de los ciudadanos en las instituciones y las actividades gubernamentales se mantiene baja y la percepción de corrupción sigue siendo alta. A la SFP y al gobierno federal de México les resultaría útil desarrollar un marco institucional y normativo de contratación pública coherente y eficiente, que incluya medidas específicas para combatir la corrupción y gestionar mejor los fondos públicos. Un sistema como CompraNet puede contribuir a conseguirlo —al reducir al mínimo el contacto directo entre los funcionarios de contratación pública y los licitadores y establecer registros electrónicos de las operaciones de contratación para fines de auditoría y supervisión.

Formar a los funcionarios de contratación pública en las competencias necesarias para trabajar con herramientas de contratación electrónica

Además de poner en práctica las recomendaciones relacionadas con cambios técnicos y mejoras del proceso, la SFP tendría que identificar maneras de superar otros obstáculos para el funcionamiento eficaz del proceso de contratación pública. Los practicantes de esta área requieren apoyo y orientación adicionales para desempeñar sus funciones con eficacia. La información recabada durante la misión de investigación de la OCDE sugiere que el bajo número de consultas al centro de ayuda de CompraNet refleja la falta de familiaridad con los procesos y las normas del sistema.

Implementar prácticas sólidas de datos abiertos puede estandarizar los datos de contratación pública y mejorar los mecanismos de rendición de cuentas.

En CompraNet se ofrece una gran cantidad de información sobre la actividad de contratación pública de México, pero esta no es exhaustiva, y no está disponible en formatos que ayuden a incrementar la rendición de cuentas. La calidad de los conocimientos que se puedan adquirir con el sistema afectará su capacidad de aumentar la rendición de cuentas, guiar el diseño de las políticas públicas y generar valor por los fondos públicos. Es necesario abrir al público datos de alta calidad, en un formato que permita analizar tendencias y excepciones. Por consiguiente, CompraNet se podría proponer proporcionar información compartible, reutilizable y legible por máquina que permita desarrollar estadísticas y efectuar análisis de datos.

Capítulo 1. Un estudio multilateral sobre la eficacia del sistema electrónico de contrataciones públicas de México, CompraNet

Con la aportación y la perspectiva de los principales actores interesados, el proyecto para reformar el sistema electrónico de contrataciones públicas del gobierno federal mexicano se ha beneficiado de la amplia experiencia de las autoridades contratantes, los grupos de proveedores y de la sociedad civil. El sistema CompraNet se desarrolló de manera paulatina para convertirse en una herramienta efectiva para facilitar la interacción del gobierno federal con el sector privado. Sin embargo, esta reforma de tercera generación significa una oportunidad para conformar una visión a largo plazo para el sistema, y garantizar que los desarrollos futuros del sistema coincidan con las tendencias mundiales. Este capítulo presenta el contexto del proyecto de reforma al sistema, y describe de qué manera el enfoque de participación multilateral se diseñó para asegurar que las mejoras al sistema satisfagan las inquietudes de los actores interesados.

Desde su creación en 1996, el sistema CompraNet ha evolucionado en conjunto con reformas gubernamentales para incrementar la eficacia, la eficiencia y la rendición de cuentas de las instituciones públicas. Los cambios realizados al sistema han permitido al gobierno federal de México simplificar las actividades de contratación pública y aumentar su transparencia. Los objetivos del sistema, cubiertos con mayor detalle en este capítulo, son elevar la eficiencia y la transparencia de la contratación pública. La retroalimentación por parte de los actores interesados, y la comparación con las mejores prácticas internacionales, sugieren que estos aspectos del sistema se pueden mejorar.

La SFP encargó este estudio para identificar cómo se puede mejorar el sistema CompraNet para ayudar a superar los retos que enfrenta en la actualidad, y para trazar una visión a futuro que coincida con las tendencias actuales en el campo de la contratación electrónica. El propósito de la SFP era desarrollar un proceso incluyente para reunir las perspectivas de las diferentes partes interesadas tanto sobre las deficiencias del sistema actual como sobre su visión para el futuro del sistema. La interacción con actores interesados a lo largo del proyecto ha sido amplia e integral, y proporcionó un marco de referencia para otros países que desean emprender reformas de contratación electrónica de manera incluyente y colaborativa.

Con miras a generar consensos amplios para el desarrollo de la tercera generación de reformas a CompraNet, la SFP decidió invitar a los distintos actores interesados en compras públicas para formar un grupo de trabajo y sus varios subgrupos centrados en diferentes corrientes temáticas. Los subgrupos del Grupo de Trabajo Plural en Compras Públicas (los "Subgrupos"), que incluyeron representantes de organizaciones clave como auditores internos, autoridades contratantes, proveedores y la sociedad civil, se comunicaron con sus redes por medio de encuestas y entrevistas para cerciorarse que las opiniones de sus representados se vieran reflejadas en el proceso. Estos esfuerzos se conjuntaron mediante una estructura de gobernanza coordinada y transparente, y con un alto grado de responsabilidad por el proyecto. Las reuniones del Grupo de Trabajo estuvieron dirigidas por el titular de la Secretaría de la Función Pública, e incluyó la intervención de subsecretarios y directivos. Las reuniones servían para monitorear los avances del Grupo en comparación con los principales objetivos fijados, y ayudaron a determinar las metas del proyecto, así como para desarrollar una declaratoria consensuada de visión a futuro para el sistema. A partir de estos cimientos sólidos se formuló la estrategia para el sistema tanto para cubrir las necesidades expresadas por las partes interesadas como para reflejar las mejores prácticas internacionales.

La visión para CompraNet, concebida por las partes interesadas y coordinada por la SFP y la OCDE, se propone superar los retos del sistema al adaptarlo a las mejores prácticas mundiales. La declaratoria de visión define los resultados que se esperan de un entorno de contratación pública con buen funcionamiento y de un sistema de contratación electrónica eficiente y eficaz.

CompraNet ha mejorado por medio de reformas, pero su evolución debe ser continua

CompraNet ha mejorado con el tiempo para satisfacer los objetivos gubernamentales de aumentar la eficiencia y la integridad

Entorno legislativo y político

Dentro del marco de la "Agenda de Buen Gobierno", establecida en 1982 (Dussauge, 2010[1]), el gobierno federal de México emprendió un conjunto de reformas para aumentar la eficiencia y la eficacia de la administración pública. Con ello, se han instituido políticas de auditoría, transparencia, mejora regulatoria, anticorrupción y se han incorporado prácticas de gestión en la administración cotidiana de las organizaciones públicas. La Secretaría de la Contraloría General de la Federación, creada durante el periodo presidencial 1982-1988 para mejorar el sistema de rendición de cuentas para la administración pública federal, fue reemplazada por la Secretaría de la Contraloría y Desarrollo Administrativo (SECODAM) durante la administración 1994-2000. Este cambio de nombre reflejó la ampliación de responsabilidades de la Secretaría así como la intención de modernizar la función administrativa del gobierno. Las primeras tres versiones de CompraNet se desarrollaron bajo el liderazgo de la SECODAM. En el periodo presidencial 2000-2006 el nombre de la secretaría se cambió de nuevo a Secretaría de la Función Pública (SFP) y sus nuevas responsabilidades incluían aumentar la profesionalización del servicio público (Pardo, 2009[2]).

A partir de 2015, el gobierno federal mexicano instituyó un conjunto de reformas para fortalecer su sistema de integridad pública; entre estas reformas se incluyó reforzar las normas de integridad para los funcionarios de contratación pública. A principios de 2015, el presidente emitió varias órdenes ejecutivas que incluían ocho acciones centradas en prevenir y gestionar conflictos de interés y riesgos para la integridad. Asimismo, incluían cuatro iniciativas sobre la gestión de los procesos de contratación pública:

- **Un protocolo de conducta para servidores del área de contratación pública**, y para el otorgamiento y prórroga de licencias, permisos, autorizaciones y concesiones ("Acuerdo por el que se expide el protocolo de actuación en materia de contrataciones públicas, otorgamiento y prórroga de licencias, permisos, autorizaciones y concesiones"). Esto forma parte de la Ley General de Responsabilidades Administrativas.
- **Un registro de servidores de la administración pública federal que participan en procesos de contratación pública** ("Registro de servidores públicos de la Administración Pública Federal que intervienen en procedimientos de contrataciones públicas"), que incluye clasificaciones por nivel de responsabilidad y su certificación.
- **Un listado electrónico de proveedores sancionados**, que especifica el motivo de la sanción.
- **Colaboración ampliada con el sector privado** para reforzar la transparencia en los procedimientos de contratación y de toma de decisiones. También, buscando aumentar la integridad al pedir su ayuda a los ciudadanos para identificar procesos vulnerables, así como para desarrollar acuerdos de cooperación con cámaras de comercio y organizaciones de la sociedad civil.

Estos avances coincidieron con la puesta en marcha de CompraNet como la plataforma de contratación electrónica del gobierno y la designación de la SFP como el organismo público responsable de desarrollar y gestionar el sistema. En 2009, las reformas a la Ley de Adquisiciones, Arrendamientos y Servicios del Sector Público (LAASSP) y a la Ley de Obras Públicas y Servicios Relacionados con las Mismas (LOPSRM) otorgaron a CompraNet personalidad jurídica como la plataforma oficial para administrar información electrónica sobre la actividad de contratación pública del gobierno federal. Con ello, las entidades y dependencias sujetas a la legislación fueron requeridas a utilizar CompraNet en los procedimientos de contratación prescritos en términos de ambas leyes.

En fecha reciente se presentaron ante el Congreso propuestas de reforma a las leyes que regulan la adquisición de bienes, servicios y obra pública. Estas iniciativas deberán considerar las recomendaciones presentadas en este estudio —como la interoperabilidad del sistema—, con el fin de asegurar que los cambios de ley y del sistema sean completamente compatibles. Las propuestas se están analizando y se podrían incorporar enmiendas formales a la agenda legislativa. Se espera que el presente estudio, que incluye el trabajo colaborativo del Grupo de Trabajo Plural en Compras Públicas, documente el proceso de implementación de las recomendaciones planteadas para CompraNet y que haya continuidad en las administraciones posteriores, ya que el trabajo realizado hasta el momento representa la visión conjunta de los principales actores interesados implicados en las contrataciones públicas.

Recuadro 1.1. Legislación mexicana sobre contratación pública y CompraNet

El marco jurídico y regulatorio para las contrataciones públicas en México contempla que la contratación electrónica ayudará al gobierno a realizar, de manera electrónica, los procedimientos de contratación pública y de adjudicación de contratos. Los principales requisitos legislativos para la contratación y el comercio electrónicos tienen que ver con documentos y firmas electrónicas, pero la ley toca diferentes facetas de la contratación pública de diversas maneras. En el ámbito federal, las disposiciones jurídicas aplicables relativas a la contratación pública tratan las siguientes áreas:

- Tres leyes que rigen la contratación y las obras públicas;
- Diversas regulaciones secundarias e instrumentos administrativos;
- Obligaciones derivadas de acuerdos internacionales.

Este marco legal es amplio y complejo debido al número de leyes relacionadas con la contratación pública en el ámbito estatal. La legislación actual sobre contratación se encuentra en proceso de revisión, para ayudar a identificar las mejoras que podrían hacer que la contratación pública opere con mayor eficacia. Un representante de la Comisión Anticorrupción del Senado acudió a la Quinta Reunión Plenaria para ampliar este análisis. Vale la pena anotar que promulgar y después poner en marcha cualquier nueva ley puede ser un proceso largo que implique esfuerzo de muchas partes interesadas. Un buen número de países regulan las prácticas de contratación pública utilizando varios otros instrumentos, por ejemplo, políticas, directivas y capacitación, así como la funcionalidad del propio sistema de contratación electrónica.

Fuente: Estudio de la legislación actual; (Asian Development Bank, 2013[3]).

Contexto técnico

Dese su creación en 1996, CompraNet ha sido ampliado y nuevos módulos han sido añadidos. La herramienta pasó de ser una plataforma para promover oportunidades de licitación y dar a conocer las decisiones de adjudicación de contratos a un portal en el que las entidades gubernamentales pueden subir documentación de las licitaciones (CompraNet 5.0, iniciado en 2010). Los cambios y mejoras escalonados se han puesto en marcha como respuesta a los avances tecnológicos y a las necesidades del gobierno.

Las primeras tres versiones de la herramienta fueron desarrolladas por la predecesora de la SFP, la SECODAM (1994-2000), como parte de un proyecto piloto que produjo CompraNet 1.0 (1996), CompraNet 2.0 (1997) y CompraNet 3.0 (2000). Los aspectos más significativos de cada versión fueron los siguientes:

- 1.0: módulo para promover oportunidades de licitación y divulgar decisiones de adjudicación de contratos
- 2.0: acceso a los documentos con las oportunidades de licitación (posterior a presentar un comprobante bancario para acreditar el pago de los derechos legales federales)
- 3.0: un módulo de transacción que permite realizar licitaciones electrónicas

Las primeras dos versiones del sistema permitieron a los proveedores buscar oportunidades de licitaciones gubernamentales en curso y obtener copia de los documentos de licitación, posterior a presentar un comprobante bancario como acreditación del pago de cuotas relacionadas con derechos legales federales. Estos cambios permitieron reducir los costos de transacción para los proveedores, ya que históricamente estos tenían que recoger los documentos de licitación en las unidades compradoras. La versión 3.0 del sistema CompraNet se adoptó tras la publicación de un acuerdo secretarial en el Diario Oficial de la Federación el 9 de agosto de 2000. A partir de esa fecha, diferentes entidades y dependencias federales implementaron el sistema de manera gradual para sus propios procesos de contratación pública. Esta versión 3.0 permitía la entrega electrónica de documentos de licitación y de avisos de adjudicación de contratos.

CompraNet Plus (4.0) arrancó en 2007, pero tuvo algunos problemas de desempeño. El proyecto piloto para su implementación fue cancelado después de seis meses y la versión 4.0 nunca sustituyó al CompraNet 3.0. No obstante, durante la misión de investigación de la OCDE, varios usuarios señalaron que creían que, hasta la fecha, esta versión ha sido la más fácil de usar.

CompraNet 5.0 se lanzó en 2010. Actualmente, el alcance de sus actividades está basado sobre una plataforma web desarrollada por la empresa Bravo Solutions, el cual se identificó como un sistema capaz de poner en práctica la legislación mexicana sobre contratación pública. El sistema permite:

- Que los compradores, empresas privadas y partes interesadas se registren, aun a distancia, para obtener acceso a la documentación de licitaciones gubernamentales;
- Cargar documentación relacionada con actividades de licitaciones no abiertas, como las licitaciones restringidas (invitaciones a tres empresas) y las adjudicaciones directas, ambas autorizadas por ley bajo ciertas circunstancias;
- Cargar y compartir los planes anuales para la contratación pública desarrollados por entidades gubernamentales;
- Ejecutar varias formas de subasta electrónica, incluidas las subastas inglesas (inversas) y las subastas holandesas;
- Trazabilidad de las actividades de los usuarios, como la carga y acceso a documentación;
- Brindar capacitación en línea para compradores;
- Extraer y analizar datos de la base de datos Datamart;
- Desarrollar un registro de proveedores, al cual las unidades compradoras de gobierno puedan asignar una calificación (siguiendo una escala de 0 a 100) para dejar asentado el grado de cumplimiento de los contratos;
- Ejecutar actividades de licitación, entre ellas difundir documentación como actas de juntas de aclaración, testimonios de testigos sociales, contratos ejecutados y cualquier modificación al contrato.

En 2015 se introdujeron mejoras adicionales, incluyendo un nuevo plan de "apoyo técnico integral", destinado a lograr 99.5% de disponibilidad para los usuarios de CompraNet, así como seguridad adicional para la Datamart. Otro campo, la Clave Cartera, que se añadió a las actividades de contratación, se relaciona con programas y proyectos de inversión, y abre la puerta a enlaces actualmente en desarrollo entre actividades de contratación y la información de la Secretaría de Hacienda sobre subsidios y financiamiento públicos.

Lo anterior se refleja en los principales objetivos del sistema CompraNet, según se describe en la legislación federal mexicana, y los manuales de operación correspondientes, cuyos propósitos son los siguientes:

- Ayudar a desarrollar una política general sobre procesos de contratación pública
- Facilitar la transparencia y el seguimiento a los procesos de contratación pública
- Generar información adecuada para la planeación y elaboración de presupuestos
- Mejorar la eficiencia de los procesos de contratación para garantizar la calidad en los servicios públicos

Realizar cambios sistémicos en la contratación pública podría reconstruir la confianza en la integridad del gasto público

Los objetivos arriba analizados tienen que ver con la importancia de la función de CompraNet para aumentar la eficiencia y la eficacia de los procesos de contratación pública, proporcionar a las partes interesadas con la información suficiente para desarrollar políticas de contratación orientadas a dar "seguimiento a los procesos de contratación pública" cuando sea necesario, y emprender los procesos de planeación y elaboración de presupuestos. CompraNet ha afrontado algunas dificultades para cumplir con este mandato. El diagrama presentado a continuación muestra que la actual operación del sistema y su aplicación por parte de los usuarios no cumplen del todo con estos objetivos.

Gráfica 1.1. Flujos de información y limitaciones del actual sistema CompraNet

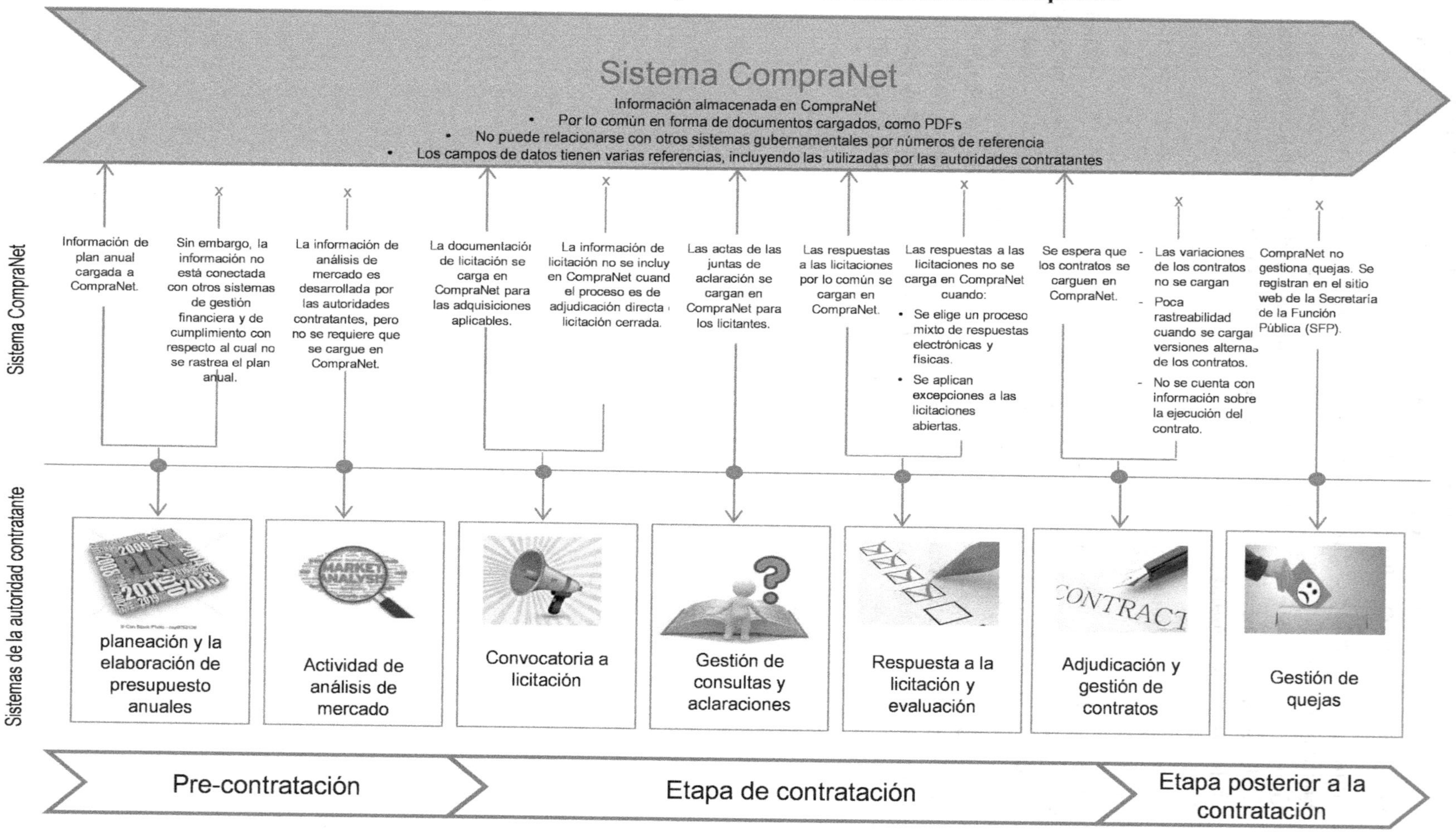

Fuente: Información proporcionada por cortesía de la SFP.

Como se aprecia en la Gráfica 1.1, el tipo y la cantidad de información cargados al sistema —así como la manera en la cual se captura la información— pueden mejorar. Por ejemplo, la eficiencia del proceso de contratación es entorpecida por la falta de integración entre CompraNet y otros sistemas; la información no fluye automáticamente de manera horizontal (a otros sistemas del gobierno central, como los sistemas financiero y de presupuesto federales) ni de manera vertical (a los sistemas financiero y de gestión de contratos de las autoridades contratantes). Esto implica un manejo doble de la información por parte de los funcionarios de finanzas y de la contratación pública. Asimismo, muchos procesos de la contratación pública aún no se encuentran digitalizados, lo que implica que hay que cargar las actividades y documentos externos al sistema para asegurar que los registros estén completos.

Lo anterior no solo reduce la eficiencia y aumenta el trabajo administrativo, sino también dificulta el poder hacer un uso relevante de la información. Por lo común los documentos se suben en archivos PDF escaneados, de los cuales el sistema CompraNet no puede extraer datos. La transparencia en los procesos es solo posible en un nivel micro (por ejemplo, cuando se busca información sobre ejercicios de contratación individuales), pero no en el nivel macro y de manera que se permita utilizar la información para gestionar riesgos, identificar tendencias o incrementar la rendición de cuentas en la contratación pública.

El problema no es solo tener acceso a los datos sino que estos estén completos. Tal situación se manifiesta de dos maneras principales: primera, cuando los oficiales de la contratación no cumplen con su obligación de cargar toda la información sobre licitaciones que se les requiere. Rectificar esta anomalía exigirá un método de control y supervisión que pueda identificar casos de no cumplimiento y darle seguimiento con los usuarios. Segundo, la información comercial que queda fuera del alcance de CompraNet y que no se registra en el sistema (como la adjudicación directa de contratos a los proveedores cuando se otorga una excepción al proceso de contratación abierta y, los contratos adjudicados entre instituciones públicas). Esto genera un punto ciego para las funciones de control sobre la actividad comercial, lo que significa que no pueden ser supervisadas y que las partes interesadas no pueden obtener un panorama completo de las actividades comerciales en el ámbito federal.

La contratación electrónica puede desempeñar un rol importante en estas actividades de la contratación pública al incrementar la eficiencia de los procesos. Se calcula que un posible efecto es el ahorro de, por lo menos, 12% en costos de transacción relacionados con los procesos de la contratación pública. Es también muy evidente que la contratación electrónica puede aumentar la competencia en el mercado y así reducir los precios pagados por el gobierno, lo cual puede arrojar ahorros en costos de entre 5% y 25% (Procurement Harmonization Project of the Asian Development Bank, 2004[4]).

También, hay avances que se pueden alcanzar al aumentar la confianza ciudadana en las instituciones públicas y en el uso de recursos federales. De acuerdo con encuestas de opinión pública realizadas en fecha reciente, la corrupción es el segundo problema más significativo para México, solo después de los problemas vinculados con la seguridad y la violencia. En 2015, 27% de los ciudadanos reportaron haber pagado algún tipo de soborno a un funcionario público durante los 12 meses anteriores y 92% de los ciudadanos creían que se cometen actos de corrupción en México (Marván, 2015[5]).

La digitalización de los procesos de contratación pública refuerza los controles internos anticorrupción y facilita la detección de brechas de integridad. Evita el contacto físico innecesario entre funcionarios y posibles proveedores del gobierno durante el proceso de licitación y proporciona pistas de auditoría que pueden facilitar las actividades de investigación (OECD, 2016[6]). El uso de la tecnología digital en el sector público apoya la implementación y el monitoreo eficaces de políticas, al propiciar un gobierno más abierto y confiable. En particular, la contratación electrónica mejora la transparencia y la rendición de cuentas. De acuerdo con un estudio del Banco Mundial, la corrupción sistemática puede representar un estimado de 20% a 30% del valor de la contratación gubernamental (The World Bank; Schapper, 2007[7]). Los países de la OCDE han comprendido y apreciado desde hace largo tiempo estos beneficios, lo cual ayuda a explicar por qué todos los países miembro encuestados han puesto en marcha sistemas electrónicos de contratación (OECD, 2016[8]).

Recuadro 1.2. Recomendación del Consejo de la OCDE sobre Contratación Pública – Principio sobre contratación electrónica

VIII. RECOMIENDA que los Adherentes mejoren el sistema de contratación pública mediante el aprovechamiento de las tecnologías digitales para dar soporte a la innovación, a través de la contratación electrónica, a lo largo de todo el ciclo de la contratación pública.

A tal fin, los Adherentes deberán:

i)   Hacer uso de las novedades más recientes en materia de tecnología digital que aporten **soluciones integradas de contratación electrónica** para todo el ciclo de la contratación pública. Es preciso que se utilicen en la contratación pública las tecnologías de la información y la comunicación, pues permiten garantizar la transparencia y el acceso a las licitaciones públicas, **impulsando la competitividad, simplificando los procedimientos** de adjudicación de contratos y la gestión de éstos, procurando ahorros en los costos e **integrando la información correspondiente a las esferas de la contratación pública y las finanzas públicas.**

ii)   Procurarse herramientas avanzadas de contratación electrónica que sean modulares, flexibles, expansibles y seguras, a fin de que se garanticen la continuidad de las actividades, la privacidad y la integridad, se dispense un trato justo y se proteja la información sensible, a la vez que se dispone de las capacidades y funciones necesarias que permitan la innovación en la actividad. Las herramientas de contratación electrónica deberán ser **sencillas de utilizar, adecuadas a sus fines** y, en la medida de lo posible, ser homogéneas entre todas las entidades que participan en la contratación pública; unos sistemas excesivamente complicados pueden introducir elementos que pongan en peligro la aplicación y ser un obstáculo para los nuevos participantes o las pequeñas y medianas empresas.

Fuente:(OECD, 2015[9])

Como se ilustra en la Gráfica 1.2, los riesgos a la integridad pueden surgir en muchas etapas diferentes del ciclo de contratación pública y de diferentes maneras. Asimismo, en cada etapa del proceso de contratación pública se presentan áreas de ineficiencia. Para mitigar los riesgos y aumentar la eficiencia del proceso se requiere un programa de reforma integral que esté adecuadamente coordinado y que incluya a la contratación electrónica como una herramienta fundamental para una labor más amplia.

Gráfica 1.2. Riesgos para la integridad y la eficiencia en el proceso de contratación pública y mitigaciones mediante la contratación electrónica

	Paso	Riesgos para la integridad	Deficiencias	Mitigaciones de contratación electrónica	Recomendaciones de los Subgrupos
Etapa previa a la licitación	Evaluación de necesidades y análisis de mercado	• Falta de una evaluación de necesidades adecuada • Influencia de actores externos sobre decisiones de los funcionarios • Acuerdo informal sobre contratos	• Se contratan productos inadecuados y cantidades que no cubren las necesidades reales del proyecto.	✓ El análisis de mercado puede basarse en los registros de la actividad de contratación pública pasada y validada externamente.	❖ El análisis de mercado deberá mandarse y ponerse a disposición para consulta en una versión pública antes de la decisión de adjudicación. ❖ Los planes anuales para las unidades de contratación pública deberán difundirse a través de CompraNet, para fomentar la certidumbre en los planes de compra y de inversión
	Planeación y elaboración de presupuestos	• Planeación deficiente de la contratación pública • La contratación no se ajusta al proceso general de toma de decisiones de inversión • Falta de una elaboración de presupuesto realista o deficiencia en el presupuesto	• La planeación presupuestaria incorrecta puede generar decisiones de inversión ineficientes.	✓ La planeación puede realizarse con base en los registros de la actividad de contratación pública pasada y validada externamente.	
	Desarrollo de especificaciones/ requisitos	• Las especificaciones técnicas se ajustan a una compañía específica • Los criterios de selección no se definen objetivamente y no se establecen con antelación • Se solicitan muestras innecesarias de productos y servicios • Compra de información sobre especificaciones del proyecto	• La empresa seleccionada no es la más adecuada y los resultados no cubren las necesidades.	✓ Las especificaciones pueden tomarse con facilidad de licitaciones anteriores. ✓ Los criterios de evaluación pueden predeterminarse y aplicarse con objetividad en un módulo de evaluación.	
	Elección del procedimiento de contratación	• Falta de una justificación apropiada para el uso de procedimientos no competitivos • Abuso de procedimientos no competitivos sobre la base de excepciones legales: división de contratos, abuso de extrema urgencia, modificaciones injustificadas	• El procedimiento excluye a contratistas que podrían haber realizado el proyecto con mayor eficiencia.	✓ Las excepciones a los procesos abiertos pueden darse a conocer públicamente y, por consiguiente, minimizarse.	
Etapa de licitación	Solicitud de propuesta/oferta	• Falta de aviso público de la invitación a licitar • No se anuncian los criterios de evaluación y adjudicación • La información sobre contratación pública no se revela o se da a conocer	• La insuficiente transparencia limita la competencia.	✓ Todos los documentos de licitación están disponibles al público. ✓ Los criterios de evaluación pueden automatizarse con el módulo de evaluación.	
	Entrega de ofertas	• Falta de competencia o casos de colusión en licitaciones (oferta encubierta, eliminación de oferta, rotación de oferta, asignación de mercado)	• La falta de competencia o la colusión en licitaciones pueden excluir a los licitantes que ofrecen el menor costo o son más eficientes.	✓ El contacto físico con los proveedores es limitado durante la etapa de licitación.	❖ La divulgación de versiones públicas de ofertas de licitación presentadas por los posibles proveedores deberá ser obligatoria. ❖ La aprobación por parte de la Secretaría de Hacienda y del Instituto Mexicano del Seguro Social deberá condicionarse a que los proveedores cumplan con sus obligaciones fiscales y sus obligaciones de seguridad social.
	Evaluación de ofertas	• Conflicto de intereses y corrupción en el proceso de evaluación, mediante: • Familiarizada con los licitantes con el tiempo • Intereses personales como regalos o empleo futuro o adicional • No se implementa con eficacia el "principio de los cuatro ojos"	• La corrupción en el proceso de evaluación conduce a elecciones ineficientes de contratistas.	✓ Los módulos de evaluación pueden estandarizar el proceso de revisión de ofertas. ✓ Los documentos de evaluación están disponibles para el escrutinio por parte de un tercero.	
	Adjudicación de contratos	• Los proveedores no revelan en sus propuestas de precios el costo correcto o información correcta sobre la fijación de precios, lo cual incrementa el precio del contrato (por ejemplo, márgenes de utilidad en la facturación, saturación de canales) • Conflicto de intereses y corrupción en el proceso de aprobación (es decir, no hay una separación efectiva de las autoridades financieras, contractuales y de proyecto) • Falta de acceso a registros sobre el procedimiento	• La corrupción en el proceso de evaluación conduce a mayores precios de los productos adquiridos.	✓ Las ofertas se presentan por la vía electrónica en forma de datos abiertos. ✓ Las aprobaciones pueden separarse entre las funciones del sistema, asegurando la separación de intereses. ✓ Todos los registros se guardan y están a disposición de los actores responsables.	
Etapa posterior a la adjudicación	Gestión y cumplimiento de contratos	• Abusos por parte del proveedor al ejecutar el contrato, en particular en relación con su calidad, precio y puntualidad. • Cambios sustanciales en las condiciones del contrato para conceder más tiempo y/o mayores precios al licitante • Sustitución del producto o trabajo o servicio deficientes que no cumplen con las especificaciones del contrato • Robo de nuevos activos antes de la entrega al usuario final o antes de su registro • Insuficiente supervisión de los funcionarios públicos y/o colusión entre contratistas y responsables de vigilancia • La selección de subcontratistas y asociados no se realiza con transparencia o no se les exige rendir cuentas	• Surgen ineficiencias debido a la gestión inadecuada de los contratos. • La calidad y la entrega de productos pueden resultar afectadas negativamente, lo cual ocasiona retrasos, menor calidad y diferencias entre la especificación y el producto entregado.	✓ Se registran los puntos de referencia del contrato y se monitorean dentro del sistema. ✓ Los registros de cumplimiento de contrato de los proveedores quedan entonces a disposición de otras autoridades contratantes para su revisión.	❖ Para asegurar la calidad de los datos, es necesario definir con claridad las obligaciones de registro de información, así como los mecanismos de auditoría. ❖ Prohibir la eliminación de documentos del sistema CompraNet para llevar un registro de todas las versiones de documentos contenidas en la herramienta (incluso quién subió el documento, cuándo se cargó o modificó y qué cambios se realizaron) ❖ Permitir la subcontratación de la gestión y la supervisión de la transferencia de derechos de cobro. ❖ Dirigir la vigilancia de la ejecución del contrato. ❖ Permitir la interconexión del sistema de gobierno electrónico (por ejemplo, con la Secretaría de Hacienda y con las autoridades fiscales).
	Pedidos y pagos	• Insuficiente separación de las obligaciones financieras y/o falta de supervisión de funcionarios públicos, lo cual da paso a: • Contabilidad falsa y asignación inadecuada de costos o migración de costos entre contratos • Pago tardío de facturas • Facturación falsa o duplicada de productos y servicios no entregados y facturación de pago provisional previo a la entrega del producto o prestación del servicio	• La falta de transparencia en los procesos de facturación y pago pueden abrir el paso a una contabilidad deficiente y a retrasos en los pagos.	✓ Los pedidos, la entrega y el pago pueden ser gestionados por el sistema. ✓ Los sistemas de catálogo pueden monitorear los niveles de existencias.	

Fuente: (OECD, 2016[6]).

Una respuesta eficaz para los muchos riesgos ya mencionados requiere de la implementación coordinada de un buen número de tácticas diferentes. Utilizada adecuadamente, la contratación electrónica puede mitigar muchos de estos riesgos. Sin embargo, para ello hay que reevaluar la manera como la tecnología se utiliza dentro del sistema mexicano, y los mecanismos de apoyo precisos para asegurar su eficacia. Esto puede implicar el desarrollo de un sistema que vaya más allá de solo brindar acceso a la documentación gubernamental sobre contrataciones públicas y ofrecer más bien un enfoque sistemático a la contratación pública. Los mecanismos de mitigación de riesgos a la integridad se deberán implementar de la mano con medidas para incrementar la eficiencia y la eficacia del sistema de contratación pública. Centrarse en la eficiencia y la eficacia del sistema como un objetivo clave para la contratación electrónica mejorará las prácticas de contratación pública y reducirá las oportunidades de corrupción a lo largo del ciclo de contratación pública.

Como se mencionó, la implementación de CompraNet generó beneficios importantes para la contratación pública en México y aumentó la eficiencia y la transparencia del sistema federal. Mediante la consulta con los actores interesados, la SFP identificó la necesidad de mejorar CompraNet para alcanzar beneficios adicionales. Por consiguiente, se estableció un proceso incluyente de revisión orientado a identificar la dirección futura del sistema para que CompraNet cubra las distintas necesidades del vasto abanico de actores interesados.

La SFP reunió a las partes interesadas en una estructura de gobernanza bien definida y coordinada

La Recomendación del Consejo de la OCDE sobre Contratación Pública insta a los países miembros a "ofrecer oportunidades para la intervención directa de partes interesadas externas pertinentes en el sistema de contratación electrónica". La ejecución de un programa de reforma de contratación electrónica es un proyecto con una multitud de partes interesadas, cada una con intereses distintos y a menudo en conflicto. El nivel de compromiso y participación de los actores interesados en el proyecto CompraNet proporciona un ejemplo de cómo un enfoque colaborativo organizado dentro de una estructura de gobernanza adecuada puede generar un amplio consenso y altos niveles de aceptación o "apropiación".

Una estructura de gobernanza incluyente ayudará a definir e implementar reformas transformadoras

En febrero de 2017, la SFP, mediante su Unidad de Políticas de Apertura Gubernamental y Cooperación Internacional (UPAGCI), junto con una serie de reformas constitucionales anticorrupción, comisionó la integración del Grupo de Trabajo Plural en Compras Públicas (el "Grupo de Trabajo") para realizar una investigación sobre la mejora de CompraNet, con la participación de importantes figuras del ámbito empresarial, la sociedad civil y del sector público. El objetivo del Grupo de Trabajo era lograr consensos respecto a la expansión y reforma del sistema CompraNet. Para ello, se invitó a la OCDE a intervenir como Secretario Técnico del proyecto y a preparar un informe con recomendaciones basadas en las perspectivas de las partes interesadas y en las mejores prácticas en contratación electrónica de todos los países miembros, con base en su experiencia y sus conocimientos técnicos. Para tal fin, la OCDE invitó a pares expertos de países con experiencias pertinentes en proyectos recientes de implementación de sistemas de contratación electrónica y reformas exitosas (por ejemplo, Chile y Colombia).

La SFP estableció una estructura de gobernanza para vigilar el proceso de recolección de retroalimentación e insumos por parte de los actores interesados. El proyecto estuvo encabezado por el Grupo de Trabajo, presidido por el secretario de la Función Pública; la propia SFP fue responsable de los aspectos administrativos y la OCDE proveyó de insumos y coordinación como parte de sus funciones de Secretario Técnico. Dentro del Grupo de Trabajo, se formaron seis grupos diferentes para analizar áreas específicas de interés (los Subgrupos). Los Subgrupos incluyen a representantes de los niveles directivos de gobierno, el ámbito empresarial (representado por cámaras de comercio, así como por propietarios y empleados de empresas), organizaciones de la sociedad civil (OSC), el Instituto Nacional de Transparencia, Acceso a la Información y Protección de Datos Personales (INAI), la Comisión Federal de Competencia Económica (COFECE), y el Instituto Nacional del Emprendedor (INADEM). Todos los miembros de los Subgrupos participaron en el Grupo de Trabajo aportando información actualizada y orientación. Otros actores no miembros consultados durante la misión de investigación de la OCDE fueron la Secretaría de Hacienda y Crédito Público, el Sistema Nacional Anticorrupción, la Auditoría Superior de la Federación y representantes de los órdenes operativos del gobierno.

Gráfica 1.3. Organigrama del Grupo de Trabajo Plural sobre Contratación Pública

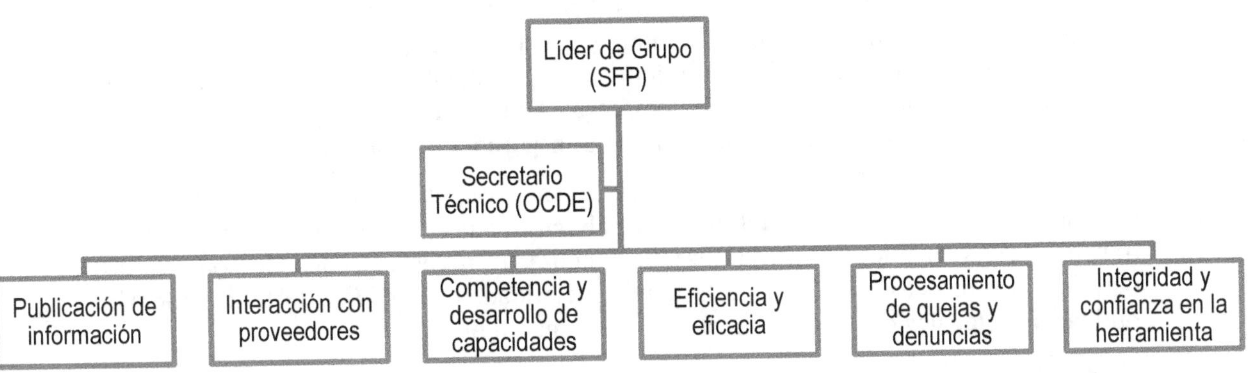

Fuente: Información proporcionada por cortesía de la SFP.

Al ser la principal interfaz en materia de contratación pública entre el gobierno federal y la comunidad empresarial, CompraNet desempeña un papel esencial en garantizar una operación de contratación pública eficaz y transparente. El desarrollo de una estrategia para CompraNet implica a muchos actores. La intervención de este grupo de actores clave para esta importante iniciativa coincide con las recomendaciones de la OCDE sobre contratación pública y representa la mejor práctica en el desarrollo de consenso encabezado por el gobierno.

Recuadro 1.3. Recomendación del Consejo de la OCDE sobre Contratación Pública – principio sobre participación

VI. RECOMIENDA que los Adherentes fomenten una participación transparente y efectiva de las partes interesadas.

A tal fin, los Adherentes deberán:

i)   Elaborar, y seguir, un procedimiento normalizado para la introducción de cambios en el sistema de contratación pública. Dicho procedimiento deberá fomentar las consultas públicas, **invitar a la formulación de comentarios por parte del sector privado y la sociedad civil**, garantizar la publicación de los resultados de la fase de consultas y explicar las opciones elegidas, todo ello de un modo transparente.

ii)   Entablar periódicamente **diálogos transparentes con los proveedores y con las asociaciones empresariales** para exponerles los objetivos en materia de contratación pública y garantizar un adecuado conocimiento de los mercados. Es preciso lograr una comunicación eficaz que permita a los potenciales proveedores comprender mejor las necesidades nacionales, y proporcione a los compradores públicos información con la que elaborar, conociendo mejor toda la oferta del mercado, unos expedientes de licitación más eficaces. Estas relaciones deberán quedar sujetas a salvaguardias de la equidad, la transparencia y la integridad que variarán en función de si está en marcha un procedimiento de licitación. Igualmente, será preciso adaptar esas relaciones para garantizar que las empresas extranjeras que participan en las licitaciones públicas reciben una información transparente y oportuna.

iii)   Brindar oportunidades para la participación directa de las partes interesadas externas en el sistema de contratación pública, con el objetivo de potenciar la transparencia y la integridad a la vez que asegura un nivel adecuado de control, sin perjuicio del respeto constante de la confidencialidad, la igualdad de trato y demás obligaciones legales del procedimiento de contratación pública.

Fuente: (OECD, 2015[9]).

Durante la primera reunión del Grupo de Trabajo, se revisó y aprobó el marco de referencia para los Subgrupos, incluyendo sus temas a cubrir y participantes. La SFP ya había identificado seis áreas principales de acción para mejorar el sistema CompraNet. La Secretaría nombró a los líderes de los subgrupos tomando en cuenta sus conocimientos expertos y su capacidad para generar consenso en un determinado campo. En consecuencia, se invitó a los miembros del Grupo de Trabajo a participar en un grupo particular, según sus intereses. Los temas seleccionados fueron los siguientes: publicación de información; interacción con proveedores; competencia y desarrollo de capacidades; eficiencia y eficacia en CompraNet; procesamiento de quejas y denuncias, e; integridad y confianza en la herramienta. En el Cuadro 1.1 se brinda una panorámica de la composición de los Subgrupos y los temas a cargo de cada uno de ellos.

Cuadro 1.1. Temas y objetivos de los Subgrupos

Tema	Asunto clave	Participantes	Temas cubiertos
1. Publicación de información	CompraNet divulga toda la información pertinente para los usuarios	Periodistas, OSC, proveedores, INAI, industria (cámaras de comercio), SFP	Disponibilidad, accesibilidad, oportunidad, utilidad, precisión de la información
2. Interacción con proveedores	Modernizar las herramientas para la participación de los proveedores a través de la contratación electrónica	Industria (cámaras de comercio)	Mejora de la funcionalidad, transparencia, anticorrupción, estadística, profesionalización
3. Competencia y desarrollo de capacidades	Fomentar el uso de medios electrónicos a lo largo del ciclo de contratación pública	Servidores públicos, contratistas y proveedores de licitaciones	Solidez de la plataforma, reducir los costos de participación, reducir los costos administrativos, limitar el contacto directo entre los participantes
4. Eficiencia y eficacia en CompraNet	Soluciones y medidas alternativas para mejorar la plataforma	OSC	Análisis de las regulaciones aplicables, antecedentes de CompraNet, operación práctica de la plataforma, accesibilidad de los procesos y los resultados
5. Procesamiento de quejas y denuncias	Procesar quejas centrándose en crear confianza y credibilidad entre el sector empresarial	Servidores públicos e industria (cámaras de comercio)	Análisis del flujo actual del proceso, diagnóstico de opciones para mejorar el SIDEC (el sistema de presentación de quejas de la SFP) y el CompraNet (mejores prácticas), propuesta de actualización tecnológica
6. Integridad y confianza en la herramienta	Identificar acciones que aumenten la confianza en CompraNet, garantizando información precisa y oportuna	OSC	Integridad de la información contenida en CompraNet, confianza en los procesos relacionados con CompraNet, mecanismos y acciones externos a CompraNet que afectan su confiabilidad y su integridad

Fuente: Información proporcionada por cortesía de la SFP.

Las reuniones del Grupo de Trabajo se celebraron de manera periódica, y fueron convocadas y encabezadas por la SFP para supervisar y recabar datos actualizados sobre los avances alcanzados por los Subgrupos. A partir del trabajo realizado por los Subgrupos entre febrero y julio de 2017 para el desarrollo de recomendaciones, se presentaron un total de 21 recomendaciones, las cuales abarcaban diversos temas. Por ejemplo, la implementación de estándares internacionales para la clasificación de bienes y servicios, la adopción de formatos o plantillas preestablecidas para sistematizar la información y la divulgación de datos para etapas adicionales del ciclo de contratación pública. La OCDE utilizó dichas recomendaciones como base de este informe. Una versión final del estudio se revisó en la reunión del Grupo de Trabajo de Expertos Líderes en Contrataciones Públicas de la OCDE (16-17 de octubre de 2017) y fue aprobado durante la séptima reunión del Grupo de Trabajo Plural en Compras Públicas, llevada a cabo durante el mes de noviembre de 2017.

Gráfica 1.4. Resumen de las Reuniones Plenarias de febrero a noviembre de 2017

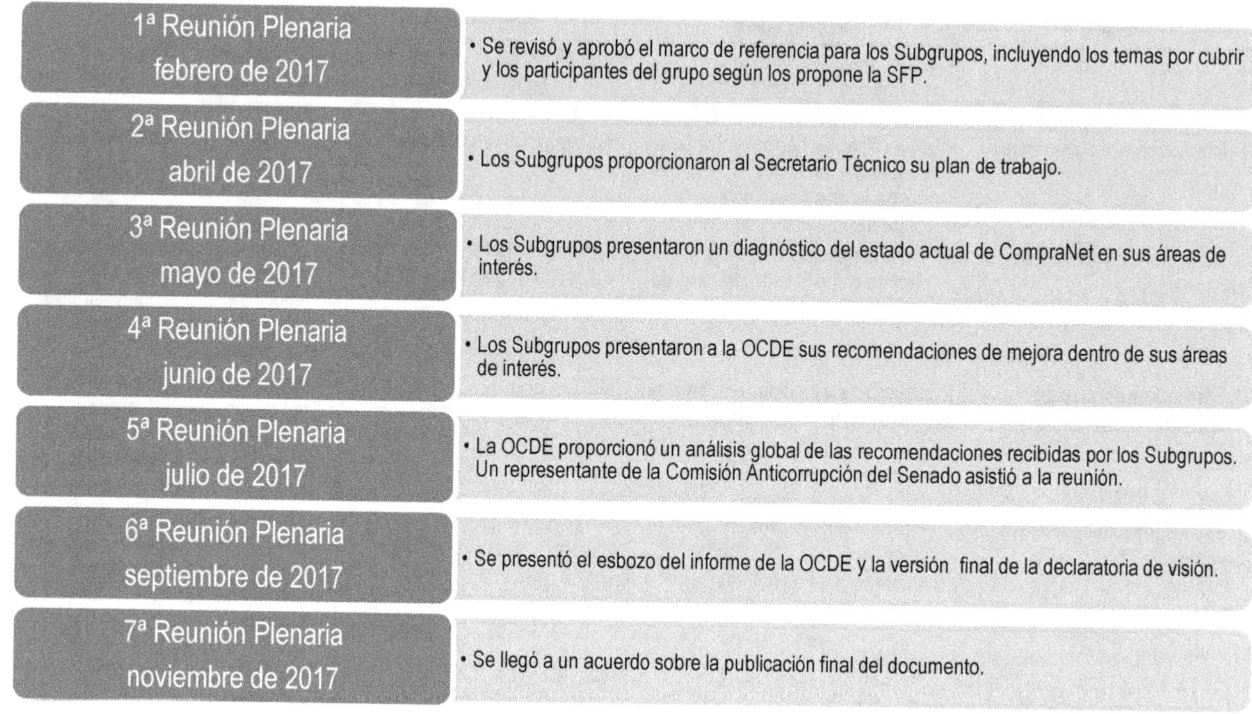

Fuente: Información proporcionada por cortesía de la SFP.

Implicar a las partes interesadas en el proyecto como parte de una estructura de proyecto bien definida y coordinada ayudó a garantizar un proceso colaborativo e incluyente. Las reuniones del Grupo de Trabajo se usaron para actualizar a todos los involucrados respecto a los avances obtenidos y para alcanzar acuerdos sobre la dirección del proyecto.

Las encuestas realizadas a usuarios del sistema ayudaron a los Subgrupos a desarrollar una visión armonizada para el futuro de CompraNet

Los seis Subgrupos prepararon una serie de recomendaciones para mejorar CompraNet, para lo cual cada uno eligió los que consideraban que eran los métodos más adecuados para recabar y analizar información. Diversos grupos interesados ayudaron a concebir estos análisis, entre ellos representantes de OSC, expertos en el campo y académicos, periodistas, entidades constitucionales autónomas como la COFECE, así como la Auditoría Superior de la Federación (ASF) que rinde cuentas a la Cámara de Diputados. El grupo utilizó diversos métodos, como encuestas, revisión documental y análisis de mejores prácticas internacionales. Los participantes en la encuesta se seleccionaron entre grupos de usuarios, incluidas las autoridades contratantes, servidores públicos, y proveedores actuales y posibles.

Recuadro 1.4. Métodos para recabar y analizar información

Varios sectores interesados en la contratación pública ayudaron a recabar y analizar información para formular recomendaciones para mejorar CompraNet. Para recibir retroalimentación del mayor número posible de partes interesadas, se prepararon cuestionarios electrónicos para empresas, servidores públicos y expertos en el tema, y se distribuyeron a través de un enlace en la red. También, se incluyeron cuestionarios en papel en una carta enviada a funcionarios de la COFECE, la Auditoría Superior de la Federación y la Unidad de Coordinación General de Órganos de Vigilancia y Control de la SFP. En el Anexo B se incluyen mayores detalles sobre este proceso.

En total:

- **Se recibieron 50 cuestionarios por parte de las empresas.** Los participantes incluyeron a miembros de las cámaras de comercio, la industria de la construcción, una cámara que representa a las pequeñas y medianas empresas (PYMES), y miembros del Consejo Coordinador Empresarial). De las respuestas, 36% provinieron de empresas grandes y 64% de PYMES; 44% se ubicaban en la Ciudad de México, 50% fuera de ésta y 6% en el extranjero.
- **Los servidores públicos enviaron un total de 148 cuestionarios.** Se utilizó una base de datos de contacto proporcionada por la SFP para enviar los cuestionarios. La SFP también alentó la participación al presentar el cuestionario a los funcionarios. La base de datos de contacto clasificó a las autoridades contratantes en tres diferentes capas, con base en el monto de su gasto: 20% de los funcionarios encuestados trabajan en una de las 30 entidades o dependencias gubernamentales que gastan la mayor parte de los recursos públicos en sus procesos de contratación.
- **Se recibieron cinco cuestionarios de expertos de OSCs y ocho de periodistas.** Estos cuestionarios no aportaron una muestra suficientemente grande para permitir un análisis profundo.
- **Se enviaron cuestionarios a la COFECE, a la Auditoría Superior de la Federación y a la Unidad de Coordinación General de Órganos de Vigilancia y Control de la SFP.** Se consultó a funcionarios de estos grupos debido a su participación directa en el sistema, o al uso que le dan a la información recabada por este. Las respuestas se recibieron por medio de un oficio dirigido al Secretario Técnico.

Fuente: (Technical Secretariat, 2017[10]).

Una vez realizadas las encuestas y concluidos todos los demás procesos para recabar y analizar información, los Subgrupos presentaron al Secretario Técnico su diagnóstico y sus recomendaciones para mejorar CompraNet. Las recomendaciones se presentaron utilizando un formato unificado que incluía un análisis costo-beneficio y un análisis de las implicaciones legales. En total se recibieron 51 recomendaciones, las cuales se consolidaron —tras un análisis de agrupación—, en 21 propuestas de mejora.

Las recomendaciones recogidas por la OCDE se analizaron y se compararon con la experiencia de la OCDE en prácticas exitosas en otros países, con el fin de desarrollar las recomendaciones finales aquí planteadas. Las perspectivas de los miembros de los

Subgrupos, y de los grupos de interés que representan, se consolidaron en una declaratoria de visión para coadyuvar al sistema hacia su reforma y expansión a futuro.

Una declaratoria de visión para CompraNet apunta a unir a los actores interesados en pos de objetivos comunes

Una declaratoria de visión eficaz puede alinear a los distintos actores interesados en torno a un conjunto de resultados comunes. Describir el sistema en término de sus resultados — y no de aportaciones y especificaciones técnicas— puede ayudar a las partes interesadas a entender cómo las puede favorecer el sistema, otorgando a la SFP la flexibilidad necesaria para determinar la manera específica de alcanzar estos resultados.

Hace ya más de 20 años que se estableció el enfoque original para el desarrollo del sistema electrónico de contratación en el Programa de Desarrollo Informático 1995-2000. Al momento de su creación en 1996, CompraNet formó parte de una iniciativa para modernizar la administración pública federal de México, utilizando tecnologías de la información y de la comunicación (TICs) para aumentar la calidad y el acceso a la contratación pública. El objetivo declarado de la primera Declaratoria de Visión para CompraNet fue establecer un sistema accesible en el cual se pudieran publicar las licitaciones, registrarse las ofertas y publicarse los resultados y el seguimiento de todas las licitaciones públicas relacionadas con la adquisición de bienes, servicios y obras por parte de la administración pública federal.

Recuadro 1.5. Programa de Desarrollo Informático 1995-2000

3.1.5 Objetivos prioritarios

Para el año 2000:

[...]

Los trámites de las empresas privadas con las dependencias de la Administración Pública Federal, como los correspondientes a su registro y los relativos a compras gubernamentales, podrán realizarse por medio de redes desde una terminal, un teléfono digital o una computadora personal.

Meta inicial: Para 1997 estará funcionando un sistema en red para la publicación de bases de licitación, inscripción de ofertas, publicación de resultados y seguimiento de adjudicaciones, donde se registrarán todas las licitaciones públicas para la adquisición de bienes y servicios en la Administración Pública Federal. Este sistema deberá ser accesible desde todas las capitales estatales de la República.

Fuente: (DOF, 1996[11]).

Como resultado del trabajo de los Subgrupos se identificaron varias áreas de mejora para CompraNet para que cubra las necesidades de sus muchas partes interesadas. Las recomendaciones oscilaron entre los ajustes técnicos que mejorarían el funcionamiento del sistema actual hasta cambios más significativos que implicarían integrar el sistema con otras plataformas gubernamentales y ampliar el alcance a otras etapas del ciclo de contratación pública.

Para superar los retos identificados en el sistema actual, la declaratoria de visión puede proporcionar un conjunto común de expectativas para orientar el proceso de mejora y cambio del sistema CompraNet. De acuerdo con Bain, una declaratoria de visión debe definir los "objetivos y (el) método para alcanzarlos", a la vez que debe inspirar a los servidores públicos "a trabajar de manera más productiva al indicar hacia dónde centrar la atención y los objetivos comunes" (Bain & Company, 2015[12]). Algunos componentes de un proceso de desarrollo de una declaratoria de visión eficaz son los siguientes (United Nations Relief and Works Agency (UNRWA), 2009[13]):

- *Involucrar a las personas adecuadas en el proceso*: Asegurar que los interesados adecuados participen en el desarrollo de la declaratoria de visión.
- *Crear y utilizar un proceso que garantice la completa participación, apertura, creatividad y eficiencia:* Es más probable que el proceso sea eficaz si se cuenta con un plan y un proceso; esto puede requerir la participación de un facilitador externo.
- *Hacer el trabajo "cosmético" por separado*: En vez de involucrar a todo el grupo en los detalles pequeños de la declaratoria de visión, es mejor ajustar el documento por separado y presentarlo ya perfeccionado al grupo.
- *Hablar con los renuentes*: Si hay personas o grupos que no están de acuerdo con la declaratoria de visión, consultar con ellos para garantizar que estén comprometidos con la visión o explorar maneras para conectar la visión con sus intereses y necesidades.
- *Reunir al grupo para revisar la versión preliminar de la declaratoria de visión*: Esto no requeriría de un gran escrutinio por parte de todo el grupo, pero sí requiere que se analice si el grupo está de acuerdo con la dirección general del documento, más que aprobarlo al pie de la letra.
- *Comunicar la visión y comenzar a hacerla realidad*: Una visión es solo una imagen del futuro sin objetivos y planes de acción sólidos; el siguiente paso es desarrollarlos. La versión en sí misma puede materializarse integrando a personas creativas al equipo para desarrollar imágenes, metáforas e historias.

Como parte del trabajo efectuado por los integrantes del Grupo de Trabajo, se desarrolló un documento para definir la visión a futuro del sistema electrónico de contratación pública en México, el cual tuvo modificaciones posteriores para adecuarlo a las mejores prácticas.

Recuadro 1.6. Visión para el sistema de contratación electrónica del gobierno federal de México

A más de 20 años del lanzamiento de CompraNet, el Grupo de Trabajo Plural en Compras Públicas, convocado por la Secretaría de la Función Pública, tiene la oportunidad de revisar los alcances del sistema electrónico de compras públicas. Asimismo, se presenta la oportunidad de construir nuevas bases para el sistema electrónico de contratación pública del Gobierno Federal de México, aprovechando el empuje de nuestra diversa economía, fortaleciendo la cooperación entre los sectores público, privado y social y promoviendo la prosperidad por medio de un sistema eficiente, efectivo y transparente en el uso de los recursos públicos federales, sujetos a las leyes en materia de adquisiciones, obras públicas y asociaciones público-privadas.[1]

Para avanzar hacia el desarrollo de un mejor sistema electrónico de contratación, el Grupo Plural en Compras Públicas reconoce las oportunidades que brindan las tecnologías digitales para llegar a un sistema completamente transaccional que soporte el ciclo completo de contratación pública, desde la planeación, pasando por la licitación y la adjudicación de contratos, hasta el pago y la gestión de contratos, así como cualquier actividad subsecuente de vigilancia y auditoría.

El éxito del Grupo Plural en Compras Públicas ha sido el resultado de la capacidad de nuestras sociedades (representadas por organizaciones de la sociedad civil, líderes empresariales e instituciones de carácter federal) de adaptarse a circunstancias cambiantes. Nuestras economías y sociedades avanzan hacia un estado democrático que exige rendición de cuentas y capacidad de respuesta de todos los actores sociales. Como miembros del Grupo Plural en Compras Públicas, estamos comprometidos a profundizar nuestra cooperación basados en nuestra visión compartida para alcanzar la estabilidad y la prosperidad de nuestra gente por medio de una buena gobernanza.Para este fin, aspiramos a hacer que el sistema electrónico de contratación electrónica del Gobierno Federal de México sea:

1. **Transaccional.** El ciclo completo de contratación pública será administrado por medios electrónicos, estableciendo flujos integrales de información que conecten cada una de las etapas de manera automática.
2. **Estandarizado.** El ciclo completo de contratación pública cumplirá con especificaciones y formatos preestablecidos y adoptará estándares de datos de contratación internacionalmente aceptados.
3. **Transparente.** El sistema electrónico de contratación pública será el único punto de acceso para publicar información y servir como respaldo documental sobre todo el ciclo de las contrataciones que se realicen con recursos públicos federales, con independencia del tipo de contratación de que se trate (licitación pública, invitación restringida o adjudicación directa). El sistema facilita el cumplimiento con principios sobre la publicación de datos y documentos, así como con las obligaciones de transparencia.
4. **Confiable.** La información cargada al sistema será correcta, completa, actualizada y protegida bajo estrictos protocolos. La plataforma preserva todas las versiones y actualizaciones de los documentos cargados en la misma referentes al ciclo de contratación pública, incluyendo acuerdos modificatorios, indicando la fecha y hora de cada actualización, así como el servidor público responsable de la información. La información y los documentos en la

plataforma deberían ser reconocidos como oficiales y podrían ser utilizados en cualquier proceso legal.

5. **Interconectado.** El sistema ofrecerá interconexión entre los procesos del ciclo de contratación pública, así como entre los sistemas de información gubernamental (e-gobierno), incluyendo aquellos de instituciones presupuestales y tributarias.

6. **Coordinado.** Las diversas entidades y unidades usuarias del sistema lo emplearán como una herramienta que posibilite la coordinación para facilitar compras consolidadas que busquen las mejores condiciones de mercado y la estandarización de los procesos de contratación pública. El sistema incluirá módulos que permitan la implementación de estrategias de contratación pública, tales como las subastas en reversa y los contratos marco.

7. **Amigable para el usuario.** El diseño del sistema permite dar claridad al usuario sobre la información disponible y su ubicación, así como un acceso rápido y una navegación de alta velocidad, sin requerir demasiadas reglas de interacción con el propio sistema. Asimismo, se cuenta con un centro de atención de calidad y con personal suficiente y calificado para la atención de los usuarios del sistema.

8. **Útil para los usuarios.** La plataforma proporciona información que permite tanto a servidores públicos como a los sectores social y privado, según corresponda, analizar las contrataciones públicas y el desempeño de quienes intervienen en las mismas, tomar decisiones para la participación en los procedimientos de contratación, definir políticas públicas y acciones de mejora en materia de contratación pública, coadyuvar en la fiscalización y control en la materia y realizar investigaciones y análisis sobre los resultados, incluyendo la generación de estadísticas e indicadores. La plataforma también facilitará la preparación de investigaciones de mercado y de los planes anuales de adquisiciones, arrendamientos y servicios, así como de obras públicas, para ser publicados oportunamente y con información actualizada, de tal manera que puedan cumplir con su objetivo de proporcionar información útil para la industria. La información contenida en el Registro de Proveedores del sistema -incluyendo los perfiles de proveedores, accionistas, historial de desempeño en contratación pública y actos ilícitos- contribuye a la toma informada de decisiones por parte de los funcionarios de compras.

9. **Instrumento para la rendición de cuentas.** El sistema se conecta con los mecanismos de queja ciudadana establecidos para el ciclo completo de contratación e incluye un registro actualizado de proveedores sancionados. Proporciona datos y evidencia para los mecanismos de revisión y evaluación llevados a cabo por diferentes autoridades (es decir, órganos de auditoría y autoridades de transparencia y competencia económica) para el mejoramiento de las operaciones de contratación pública.

10. **Dinámico e innovador.** Un enfoque sobre la innovación de procesos guiará la evolución del sistema para incluir nuevas metodologías para la gestión de información sobre contratación de obras públicas, bienes y servicios, basado en el conocimiento adquirido de experiencias previas, la opinión y retroalimentación de los usuarios, al igual que en la identificación de mejores prácticas internacionales.

11. **Catalizador de la competencia económica.** El sistema promueve la libre competencia, la libre concurrencia y reduce barreras a la entrada, costos de transacción y administrativos para todo tipo de usuario. El sistema será de acceso público para todo tipo de usuarios y toda la información estará disponible para consulta en su versión pública y en un momento oportuno y de tal forma que no obstaculice la competencia económica o afecte negativamente la eficiencia de la contratación pública al facilitar la colusión o la manipulación de licitaciones.

12. **Ejemplar.** El sistema federal de contratación electrónica será una buena práctica a seguir para todos los sistemas públicos de contratación electrónica en México, tales como aquellos a desarrollarse por los estados, los municipios y las entidades públicas sujetas a distintos regímenes de contratación.

Fuente: Grupo de Trabajo Plural sobre Contratación Pública.

Esta declaratoria de visión se basa en las labores de los Subgrupos para identificar los retos actuales del sistema y para recoger opiniones sobre los atributos de un sistema que funcione para todas las partes interesadas. Se centra en desarrollar una solución electrónica para la contratación que opere como parte de un sistema de contratación pública eficiente y eficaz. Para cualquier plan o proyecto futuro orientados a desarrollar o mejorar CompraNet, se puede utilizar esta declaratoria como punto de referencia para capturar los objetivos y las ambiciones de todas las partes interesadas.

Nota

[1] Al momento del desarrollo de esta visión, dichas leyes son la Ley de Adquisiciones, Arrendamientos y Servicios del Sector Público (LAASSP), la Ley de Obras Públicas y Servicios Relacionados con las Mismas (LOPSRM) y la Ley de Asociaciones Público Privadas, así como las disposiciones derivadas de las mismas.

Referencias

Asian Development Bank (2013), *e-Government Procurement Handbook*, https://www.adb.org/sites/default/files/institutional-document/34064/files/e-government-procurement-handbook.pdf (consultado el 20 de noviembre de 2017). [3]

Bain & Company (2015), *Management Tools - Mission and Vision Statements*, http://www.bain.com/publications/articles/management-tools-mission-and-vision-statements.aspx (consultado el 25 de septiembre de 2017). [12]

DOF (1996), *Programa de Desarrollo Informático 1995-2000*. [11]

Dussauge, M. (2010), *Combate a la corrupción y rendición de cuentas: avances, limitaciones, pendientes y retrocesos*, El Colegio de México. [1]

Marván, M. (2015), *La corrupción en México: percepción, práctica y sentido ético*, Instituto de Investigaciones Jurídicas - UNAM. [5]

OECD (2016), *Preventing Corruption in Public Procurement*, OECD Publishing, http://www.oecd.org/gov/ethics/Corruption-in-Public-Procurement-Brochure.pdf (consultado el 14 de septiembre de 2017). [6]

OECD (2016), *Survey on Public Procurement*, OECD Publishing. [8]

OECD (2015), "OCDE Recomendación del consejo sobre contratación pública", http://www.oecd.org/gov/ethics/OCDE-Recomendacion-sobre-Contratacion-Publica-ES.pdf (consultado el 14 de septiembre de 2017). [9]

Pardo, M. (2009), *La modernización administrativa en México, 1940-2006*, El Colegio de México. [2]

Procurement Harmonization Project of the Asian Development Bank, T. (2004), "Electronic Government Procurement Roadmap", http://siteresources.worldbank.org/INFORMATIONANDCOMMUNICATIONANDTECHNOLOGIES/Resources/eGPRoadMap.pdf (consultado el 14 de septiembre de 2017). [4]

Technical Secretariat (2017), *Questionnaire for Businesses*, https://docs.google.com/forms/d/1UUZwo5n7yJ6fE_WeqVkyxaq9HmVwf7rJBooKI2t2PHQ/edit?c=0&w=1#responses. [10]

The World Bank; Schapper, P. (2007), "Corruption and Technology in Public Procurement", http://siteresources.worldbank.org/INFORMATIONANDCOMMUNICATIONANDTECHNOLOGIES/Resources/CorruptionversusTechnologyinPublicProcurement.pdf (consultado el 14 de septiembre de 2017). [7]

United Nations Relief and Works Agency (UNRWA) (2009), "How to Create a Shared Vision Statement", https://www.unrwa.org/userfiles/file/leading_4_the_future/module1/How%20to%20Create%20a%20Shared%20Vision%20Statement.pdf (consultado el 11 de septiembre de 2017). [13]

Capítulo 2. Modernizar CompraNet para convertirlo en un sistema que sirva a todas las partes interesadas

Para garantizar que la actividad de contratación pública sea eficiente, eficaz, transparente y responsable, en todos los países de la OCDE se usan sistemas de contratación electrónica. Para cerciorar que el sistema de contratación electrónica aporte los beneficios previstos, es imprescindible incorporar el rediseño de sistemas en un enfoque más amplio a la reforma. Esto implica identificar los mecanismos de apoyo (como la legislación, las políticas, la formación y la infraestructura) que se requieren para que el sistema rinda buenos resultados. En este capítulo se miden el alcance, la funcionalidad y la aplicación de CompraNet por parte de los usuarios en comparación con las tendencias mundiales de contratación electrónica, con miras a desarrollar un sistema que cubra las necesidades específicas de diferentes usuarios, incremente la competencia y entregue valor por el dinero.

Durante los últimos 15 a 20 años, el impulso inicial para poner en marcha sistemas de contratación electrónica en los países de la OCDE se dirigió a desarrollar sistemas centralizados en los que se publique información sobre la contratación pública. Como resultado, el principal interés de los países miembro durante este periodo ha sido el de desarrollar sistemas nacionales que cubran los aspectos centrales del proceso de contratación para todo el gobierno, es decir desde la convocatoria para la licitación hasta la adjudicación de un contrato; ello permite que las autoridades contratantes gestionen el resto del proceso mediante sistemas y procesos independientes (OECD, 2016[1]).

El interés en la inversión en sistemas de contratación electrónica cambió paulatinamente de este propósito original hacia el desarrollo de sistemas que ayuden a incrementar la eficiencia y la eficacia de las prácticas de contratación pública. La siguiente etapa del desarrollo de sistemas de contratación electrónica probablemente se centre en los avances en las siguientes áreas, conforme al enfoque promovido por la OCDE y la Comisión Europea:

- Aprovechar oportunidades para aumentar la eficiencia y la estandarización al ampliar el sistema de contratación electrónica de modo que cubra todo el ciclo de contratación pública;
- Integrar el sistema con otras plataformas tecnológicas de gobierno electrónico (como gestión de finanzas públicas, procesos de elaboración de presupuestos y prestación de servicios), con el fin de optimizar los recursos públicos por medio de una mejor transmisión de información, la automatización de procesos y una mayor rendición de cuentas.

Si bien CompraNet cuenta con la capacidad de operar algunas de las características requeridas de los sistemas modernos de contratación electrónica, aún no sustenta la plena gestión digital del ciclo de contratación pública. Hasta ahora, el sistema solo cubre aquellos aspectos del ciclo relacionados con la publicación de la documentación de licitación, la presentación de ofertas y la adjudicación de contratos. Sin embargo, con el tiempo la Secretaría de la Función Pública (SFP) ha intentado ampliar su rango de acción para incluir procesos adicionales del ciclo de contratación pública.

Ahora bien, el sistema actual afronta varios retos para garantizar el apego constante, sistematizado y transparente a la legislación sobre contratación. Estos temas son resultado no solo de debilidades en el sistema, sino de inconsistencias en los procesos utilizados por las autoridades contratantes y desigualdades en las capacidades de la fuerza de trabajo de contratación pública de México.

Reforzar el papel de CompraNet en la habilitación de la reforma de contratación pública

Es recomendable que la SFP armonice la contratación electrónica con un programa general de reforma

Al poner en marcha un sistema de contratación electrónica es posible encontrar diversas dificultades. En principio, el sistema tendrá que formar parte de un programa multifacético en colaboración con otros aspectos de la reforma de contratación (como los entornos jurídico y de política, y el desarrollo del sector privado). Esto requiere una estrategia de contratación electrónica adecuada para el entorno económico y que aporte bases sólidas para la propia plataforma.

Durante la misión de investigación de la OCDE, quedó claro que las partes interesadas plantearon problemas de contratación pública que iban más allá de los requisitos técnicos y de funcionalidad de CompraNet. Además de poner en práctica las recomendaciones relacionadas con los cambios y mejoras al sistema, la SFP podría identificar maneras de superar otros obstáculos a la operación eficaz del proceso, incluidos los retos siguientes:

- **Los funcionarios de contratación no cumplen las directrices establecidas para las adquisiciones y no siempre descargan la información requerida:** bien sea por falta de capacidad al trabajar con CompraNet o por no contar con suficiente capacidad en contratación en general, los funcionarios del área podrían precisar apoyo y orientación adicionales para cumplir eficazmente con su función. Esto puede relacionarse con el uso del sistema o con la aplicación de procesos, políticas o leyes de contratación pública.

- **Las excepciones a las leyes de contratación pública quizá no se apliquen sistemáticamente:** en algunos casos la autoridad contratante puede de manera legítima abstenerse de realizar un proceso de licitación abierta, como en los casos de urgencia en el que los productos y servicios se requieren dentro de un estrecho marco de tiempo o donde puede demostrarse que es un solo proveedor quien tiene disponibles los productos o servicios. No obstante, el personal que opera los procesos de contratación pública no siempre cumple con las políticas relativas a la selección de procedimientos de contratación pública. De acuerdo con la SFP, a 2017, 68% de los contratos se adjudicaban directamente (lo que representa 25% de los fondos públicos asignados por contratación), en tanto que solo 18% de los contratos se gestionaron mediante un proceso de licitación pública (lo cual representa 64% del valor monetario). Por consiguiente, un gran número de transacciones de bajo valor no están sujetas a procedimientos competitivos.

- **El formato de la documentación de licitación varía mucho:** variaciones importantes en la documentación de licitación puede requerir tiempo y esfuerzo adicionales por parte de las autoridades contratantes, las empresas que responden a las licitaciones y las instituciones que supervisan o los "testigos sociales".[2] Optar por la estandarización no solo permitirá que los practicantes de contratación y las empresas elaboren los documentos con mayor eficiencia, sino también ayudará a agilizar los requisitos en todo el gobierno, entre ellos las condiciones de los contratos, las especificaciones generales y los requisitos para presentar informes. Estandarizar los contratos también facilitará el análisis de la información de contratación pública, al armonizar las variables entre todos los procesos de contratación pública.

Las respuestas a la Encuesta en Compras Públicas de la OECD de 2016 sugieren que los principales retos enfrentados por las autoridades contratantes en los países de la OCDE al utilizar sistemas electrónicos de contratación son los siguientes: una cultura organizacional que no es tan innovadora como podría serlo (57%); conocimientos y competencias de TIC limitados (40%) y limitada familiaridad con las oportunidades económicas que los sistemas de contratación electrónica pueden ofrecer (37%).

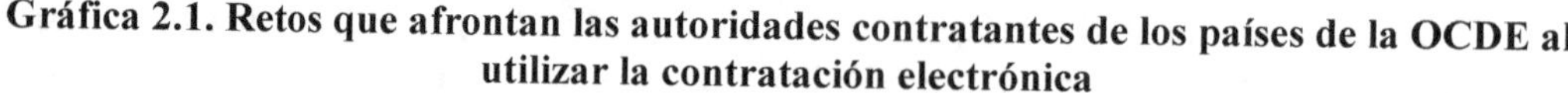

Gráfica 2.1. Retos que afrontan las autoridades contratantes de los países de la OCDE al utilizar la contratación electrónica

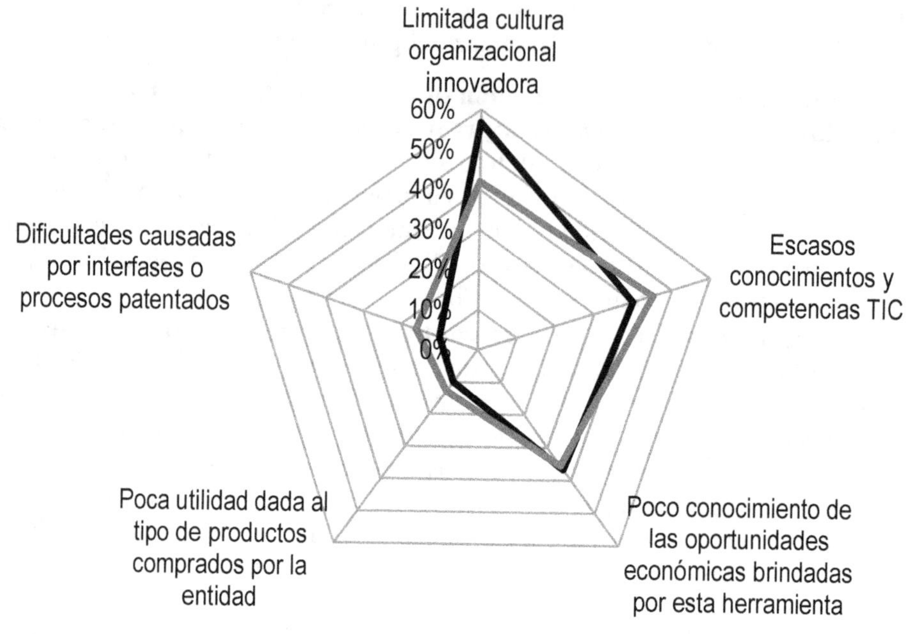

Fuente: (OECD, 2016[1]).

El cambio tecnológico debe formar parte de una estrategia integral que elimine obstáculos para el sistema electrónico de contratación. Sin las reformas respectivas, podrían no alcanzarse los beneficios esperados. Las ventajas aportadas por la contratación electrónica suelen emanar de una gestión más fuerte y una coordinación facilitada por la tecnología, más que de la tecnología *per se* (Asian Development Bank, 2013[2]).

Según un estudio efectuado por el Banco Europeo para la Reconstrucción y el Desarrollo sobre la instauración de diversas soluciones de contratación electrónica, los siguientes cinco pilares son los elementos esenciales de una estrategia de contratación electrónica:

- **Gobierno y liderazgo institucional:** El gobierno establece la visión de lo que se aspira a lograr; por tanto, la implementación operativa debe quedar en manos o ser coordinada por una sola entidad, para así lograr la afinidad de normas y enfoques.

- **Gestión, legislación, regulación y política:** La contratación electrónica es más un sistema de negocios que uno tecnológico y, para ser eficaz, requiere marcos legislativos y de gestión fuertes. Los cambios al sistema electrónico de contratación resultarán en modificaciones a los procesos y las políticas relacionados con la contratación pública, incluidos regímenes enmendados de auditoría y de cumplimiento, así como una información de gestión mejorada sobre todos los aspectos de la contratación. Estos cambios deben entenderse y prepararse antes de realizar modificación alguna al sistema.

- **Activación del sector privado:** Al elaborar una estrategia de contratación electrónica y para asegurar su eficacia tanto en lo relativo a la oferta como a la demanda, hay que tomar en cuenta y consultar al sector privado. Cualquier estrategia de participación deberá considerar cómo comunicarse con el ámbito empresarial para justificar los cambios del sistema y preparar a los usuarios para los cambios de funcionalidad.

- **Infraestructura y servicios web:** El éxito de un sistema electrónico de contratación pública depende del grado en el cual todos los practicantes de la contratación gubernamental y todos los proveedores existentes y potenciales del gobierno tengan acceso a él. Además, una estrategia de contratación electrónica debe estar sostenida por otras prácticas de gestión de las tecnologías de la información, como la gestión de datos, la gestión de seguridad y la gestión de acceso.

- **Funcionalidad y normas:** El nivel de funcionalidad requerido dependerá de los tipos de transacciones de contratación pública para los cuales se utiliza el sistema (a la inversa, cuanto más compleja sea la transacción, más sencillos serán los requisitos del sistema). La selección de normas técnicas abiertas o patentadas es una decisión compleja que implica muchos factores.

Gráfica 2.2. Facetas de una estrategia de contratación electrónica

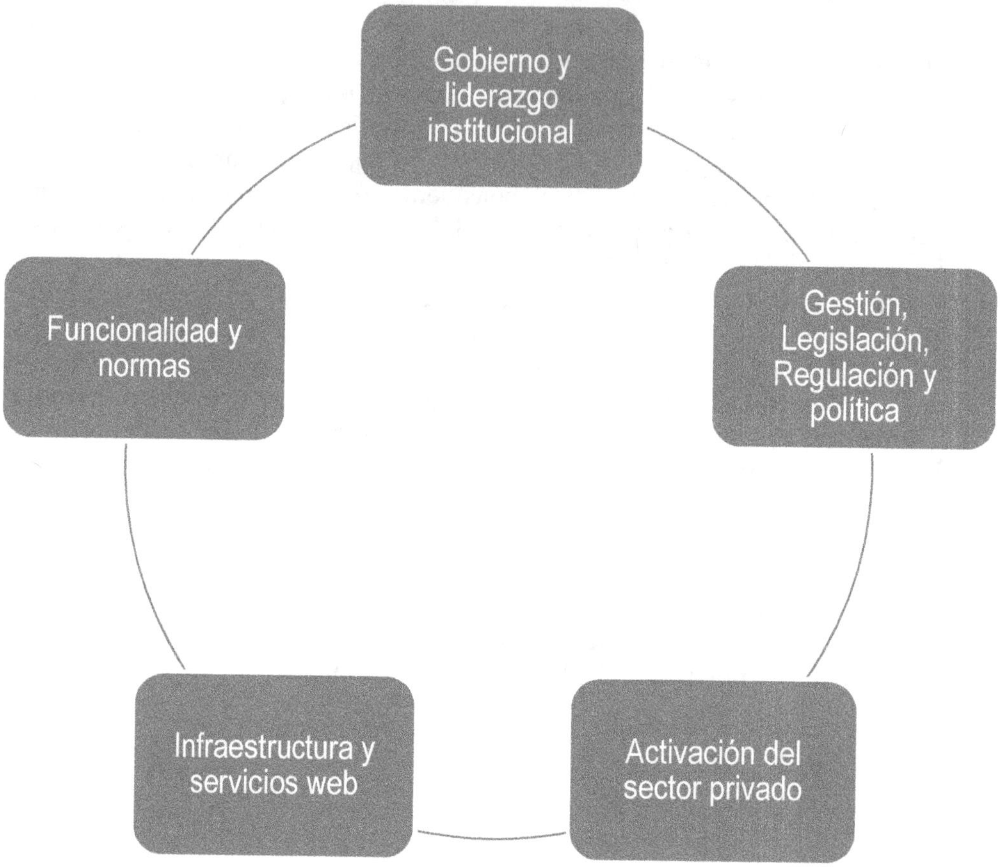

Fuente: (EBRD; UNCITRAL, 2015[3]).

La contratación electrónica puede desempeñar una función importante en la reforma a las contrataciones públicas, pero no necesariamente corregirá una práctica de contratación pública deficiente y quizá no solucione los problemas subyacentes en las operaciones de contratación pública. Las malas prácticas se pueden perpetuar fácilmente con la contratación electrónica (OECD, 2011[4]) y, establecer un sistema de este tipo, no garantiza que los procesos sean abiertos, equitativos y adecuados a las necesidades de cada operación de contratación, así como tampoco elimina la necesidad de cerciorarse que los practicantes estén bien entrenados, estén capacitados y actúen con integridad.

Diferentes países han adoptan varios métodos, pero los objetivos fundamentales son similares y coinciden con las prioridades de gobernanza pública.

Recuadro 2.1. Una estrategia integral de contratación electrónica en Eslovaquia

En Eslovaquia se identificaron cuatro objetivos para desarrollar una estrategia específica para el uso e implementación del sistema nacional de contratación electrónica:

- Reducir el gasto público
- Aumentar la transparencia
- Promover la competencia equitativa
- Simplificar y acelerar el proceso de contratación pública

Para alcanzar estos objetivos de manera sostenible quedó claro que sería necesario apoyar las actividades relacionadas con la plataforma electrónica en sí con otras iniciativas. Se evaluó cada acción respecto de las dimensiones del sistema de contratación pública que resultarían afectadas, entre las opciones siguientes:

- Gobernanza (las personas y la organización)
- Tecnología
- Procesos
- Legislación

Este enfoque garantizaba que se tomarían en cuenta consideraciones más amplias por cada cambio que se requiriera dentro del sistema.

Fuente: (OECD, 2017[5]).

Modernizar CompraNet y realizar en paralelo reformas de gobierno electrónico puede dar lugar a un sistema plenamente transaccional que abarque desde la contratación hasta al pago

La Recomendación del Consejo de la OCDE sobre Contratación Pública invita a los países miembros de la Organización a "emplear desarrollos recientes de tecnología digital que admitan soluciones integradas de contratación electrónica que abarquen el ciclo de contratación pública". Mejorar la contratación electrónica en los sectores público y privado puede ser el primer paso hacia sistemas más integrados. Esta transición probablemente requeriría una inversión importante y deberá contemplarse como un objetivo a largo plazo.

Gráfica 2.3. Ilustración de la evolución de la tecnología en la contratación pública con el paso del tiempo

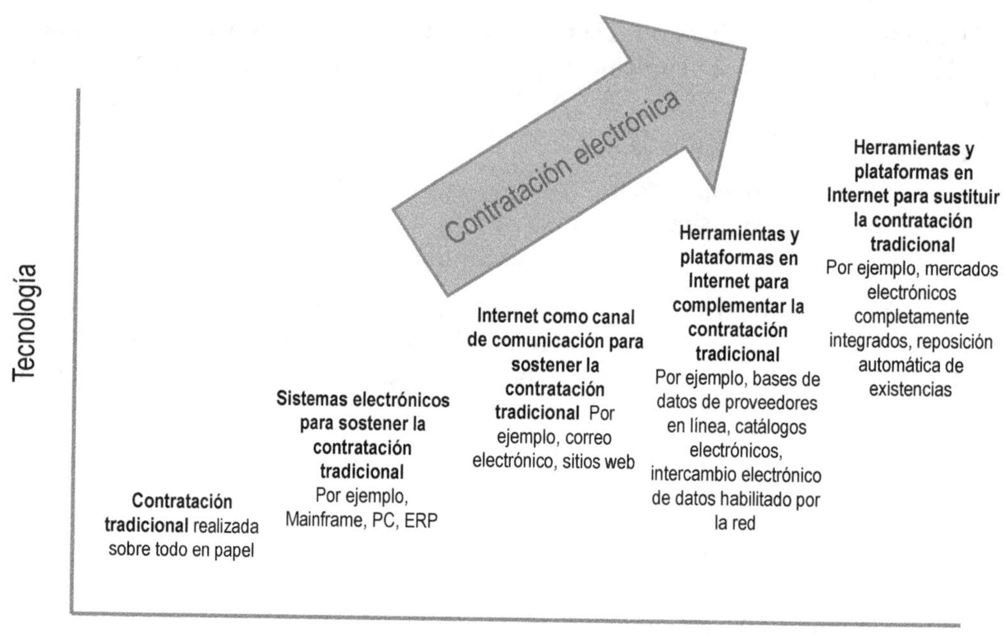

Fuente: (United Nations, 2006[6]).

El ámbito de acción de CompraNet se limita a actividades relacionadas con la publicación de documentación de licitación por parte de entidades gubernamentales, la gestión de aclaración de dudas, la entrega de ofertas y la adjudicación de contratos. En México, al igual que en la mayoría de los países de la OCDE, los objetivos originales de la contratación electrónica eran aumentar la transparencia y el acceso a oportunidades de licitación para empresas nacionales e internacionales. Por tal razón, un enfoque común en los países de la OCDE desde el origen de la contratación pública electrónica ha sido desarrollar soluciones basadas en la red independientes de los sistemas utilizados por las autoridades contratantes. Las plataformas centrales basadas en la web con poca integración son una alternativa menos costosa que un sistema integrado con los sistemas de pago de las autoridades contratantes.

Gráfica 2.4. Comparación del ámbito de acción de CompraNet ante los sistemas de las autoridades contratantes

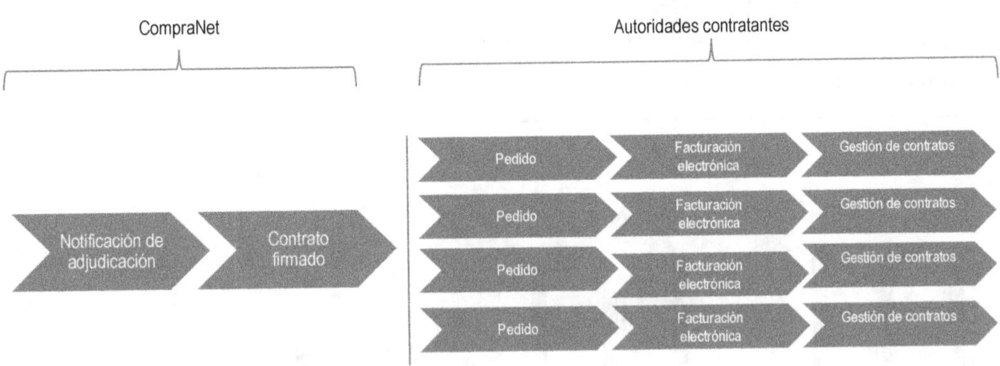

Fuente: Información proporcionada por cortesía de la SFP.

Con los resultados del cuestionario aplicado en 2016 a los países de la OCDE, resulta evidente que la mayoría de los sistemas centrales de contratación electrónica aún se concentran en los pasos principales del proceso de contratación pública. Solo en un pequeño número de países abarcan las etapas posteriores, como el pedido electrónico (seis países), la facturación electrónica (ocho países) y la gestión de contratos (cinco países).

Gráfica 2.5. Funciones de los sistemas de contratación electrónica en los países de la OCDE

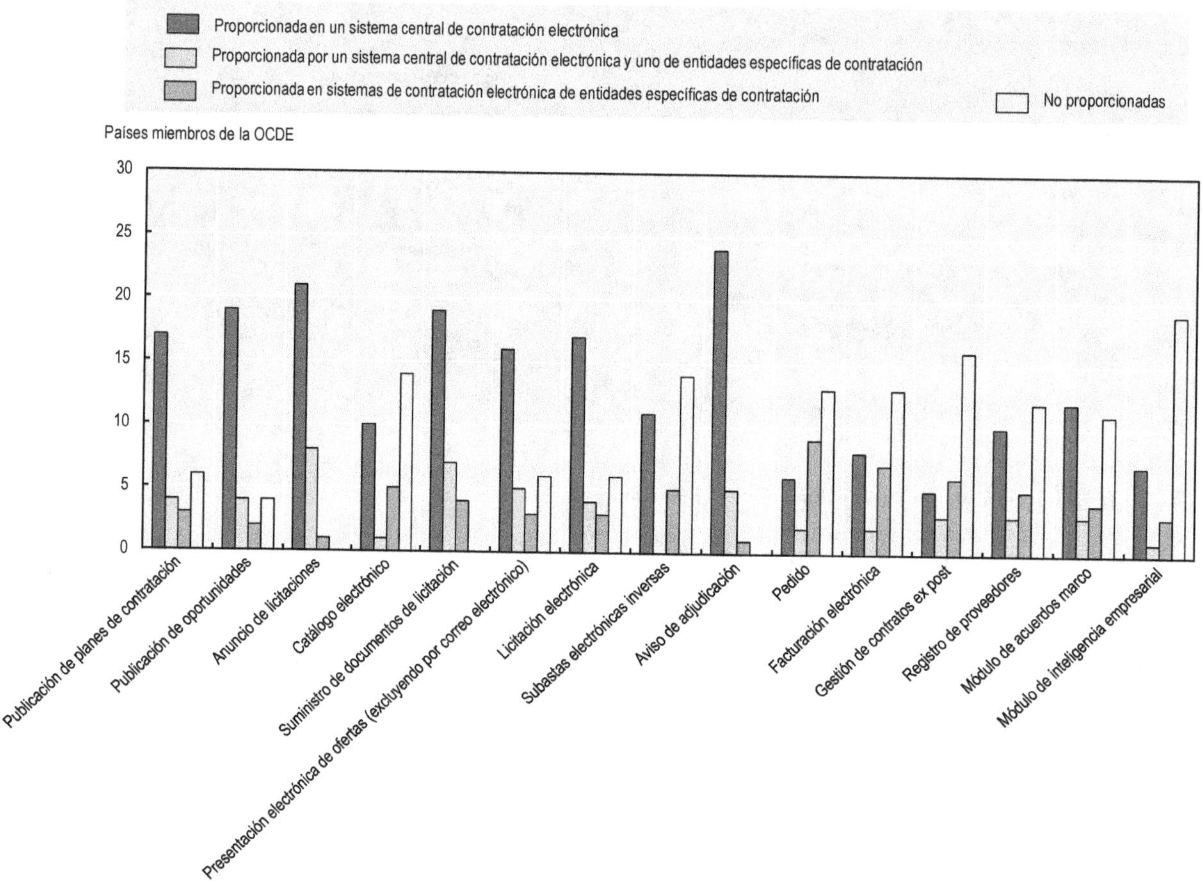

Fuente: (OECD, 2016 [1]).

La contratación pública ha evolucionado gracias a los avances que los desarrollos tecnológicos han hecho posibles. Lo que antes era una función sobre papel ahora puede digitalizarse en gran medida. El siguiente paso en los países de la OCDE que aún no lo han hecho será la integración vertical (es decir, la integración de la plataforma central de licitación con los sistemas de gestión de contratos o finanzas de las autoridades contratantes), lo cual generará un sistema de contratación pública totalmente integrado y de punta a punta.

Gráfica 2.6. Integración horizontal versus integración vertical

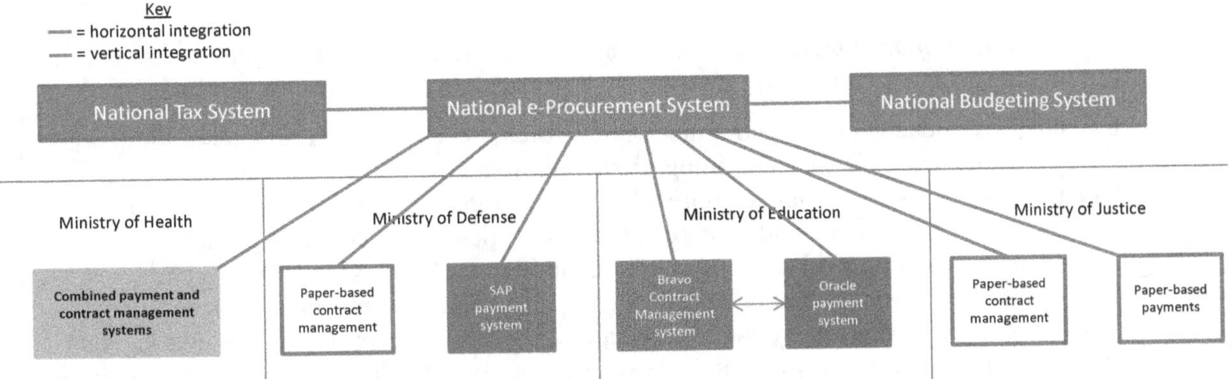

Además de la eficacia que puede lograrse con un proceso de contratación electrónica más integrado y de punta a punta, la integración también permitiría al gobierno mexicano:

- Recabar información sobre el gasto gubernamental para documentar la política económica y de contratación
- Vigilar más de cerca el cumplimiento de los contratos gubernamentales por parte del proveedor
- Establecer herramientas centralizadas, como un Módulo de Gestión de Contratos, para desarrollar la capacidad de gestión de contratos
- Garantizar una mayor integridad en la etapa del ciclo posterior a la contratación

El sistema de contratación electrónica KONEPS de Corea, ejemplo de una plataforma electrónica integrada para la contratación pública, ha rendido beneficios cuantificables.

Recuadro 2.2. El sistema integrado de contratación electrónica KONEPS de Corea

En Corea, la implementación de un sistema nacional de contratación electrónica logró importantes avances en la transparencia y la integridad de la contratación pública.

En 2002, la entidad central de contratación de Corea, Servicios de Contratación Pública (PPS), implementó un sistema integral de contratación pública de punta a punta llamado KONEPS. El sistema cubre el ciclo completo de contratación pública de manera electrónica (incluyendo un registro único, licitación, contratos, inspección y pago) y los documentos relacionados se intercambian en línea. KONEPS vincula cerca de 140 sistemas externos para compartir y recuperar cualquier información necesaria, y proporciona un servicio de ventanilla única que incluye la recopilación automática de los datos para calificar a los licitantes, la entrega del informe, la facturación electrónica y el pago electrónico. La información en el sistema se brinda sobre una base de tiempo real.

Todas las organizaciones públicas tienen el mandato de licitar públicamente por medio de KONEPS. En 2012, más de 62.7% de la contratación pública total de Corea (106 mil millones de dólares estadounidenses) se realizó por esta vía. En el KONEPS, 45 000 entidades públicas interactúan con 244 000 proveedores registrados. De acuerdo con PPS, el sistema ha impulsado la eficiencia y ha reducido de manera importante los costos de transacción. Asimismo, ha aumentado la participación en licitaciones abiertas y mejoró considerablemente la transparencia, eliminando casos de corrupción al prevenir prácticas ilícitas y actos de colusión. Por ejemplo, la Comisión de Libre Comercio de Corea dirige el BRIAS, un sistema de KONEPS automatizado que detecta estrategias de licitación sospechosas. Según la evaluación de integridad llevada a cabo por la Comisión Anticorrupción y de Derechos Civiles de Corea, el índice de percepción de integridad de PPS mejoró de 6.8 a 8.5 (de una puntuación máxima de 10) desde el lanzamiento del KONEPS.

El que se usaran certificados electrónicos prestados era una preocupación clave, por las prácticas que facilitarían la actividad ilícita. Para mitigar este riesgo, en 2010 el PPS puso en marcha la "Licitación Electrónica con Reconocimiento de Huella Dactilar". Con este sistema, cada usuario solo puede licitar para una empresa, utilizando una ficha biométrica de seguridad. La información dactilar se guarda exclusivamente en el expediente del proveedor en cuestión, con lo que se evita cualquier controversia respecto al almacenamiento de información biométrica personal por parte del gobierno. En julio de 2010 el sistema se aplicó en todas las licitaciones realizadas por medio del KONEPS por parte de gobiernos locales y otras organizaciones públicas que compraban productos y servicios y contrataban proyectos de construcción. En 2011, el PPS puso en práctica un nuevo servicio que permite que el proceso de licitación se realice mediante teléfonos inteligentes, utilizando fichas y aplicaciones de seguridad recién desarrolladas.

Fuente: (OECD, 2016[7]).

Quizá aún sea necesario realizar un estudio de viabilidad para un proyecto a tan gran escala como la integración multiinstitucional, con el fin de alentar a los países a hacer esa gran inversión. Los beneficios para el gobierno de contar con sistemas totalmente integrados son evidentes, aunque a menudo difíciles de cuantificar. Entre los países de la

OCDE, 66% no miden la eficiencia y los ahorros generados al utilizar la contratación electrónica (OECD, 2016 [1]). Los países que han medido los ahorros suelen centrarse en el tiempo ahorrado por el aumento en la eficiencia del proceso o, como en el caso de Corea, por el monto de fondos públicos y privados ahorrado.

Recuadro 2.3. El sistema de integración de Corea ha reducido el costo de las transacciones de contratación pública

Con el uso compartido de datos gubernamentales y el intercambio de datos entre el KONEPS y otras bases de datos propiedad de las autoridades públicas, el KONEPS ha propiciado la eliminación de la entrega en papel de los certificados de registro y de pago de contribuciones de las empresas. En lo que se refiere a las licitaciones para obras de construcción públicas, ya no se requiere que los licitantes presenten certificados de su experiencia anterior, ya que dicha información se recaba electrónicamente a través del intercambio de datos con asociaciones de la industria de la construcción.

De acuerdo con un estudio realizado en 2009, los ahorros en costo anual de transacción facilitados por el KONEPS sumó 9.5 billones KRW (wons). De esta cantidad, se ahorraron 1.6 billones de wons (1.2 mil millones de euros) en el sector público por la baja en la mano de obra y el tiempo de procesamiento, debido a la modernización y digitalización de los procesos de trabajo. En el sector privado se ahorraron 7.9 billones de wons, sobre todo por la baja en los costos incurridos por visitar las oficinas de las entidades públicas y obtener los certificados y documentos probatorios requeridos. La disminución del trabajo y el tiempo al contar con procedimiento simplificados y estandarizados también contribuyó a los ahorros.

Fuente: (OECD, 2015[8]).

Lograr la integración de punta a punta de los procesos relacionados con la contratación pública puede también requerir la integración horizontal que implica vincular el sistema central de contratación electrónica con otros sistemas gubernamentales. Los países de la OCDE han avanzado poco en integrar sistemas de contratación pública con otras plataformas de gobierno. Según un estudio de la OCDE, 60% de los sistemas de contratación electrónica no están integrados con otras soluciones de tecnología digital de gobierno electrónico, como el control de presupuestos, los registros de empresas y contribuciones, las bases de datos de seguridad social, los sistemas financieros de pago y los sistemas de planeación de recursos empresariales (OECD, 2016[1]). Integrar las plataformas de gobierno electrónico concuerda con la Recomendación del Consejo de la OCDE en Estrategias de Gobierno Digital, ya que permite tener transparencia total del uso del uso de fondos públicos en diferentes departamentos gubernamentales (OECD, 2014[9]).

Se han emprendido esfuerzos preparatorios para integrar CompraNet con el Sistema de Contabilidad y Presupuesto (SICOP) de la Secretaría de Hacienda y Crédito Público. El SICOP gestiona todos los pagos realizados por las entidades gubernamentales que implican el uso de recursos federales y guarda información sobre contratos, términos contractuales, acuerdos de modificaciones a las condiciones de los contratos, así como los montos finales pagados por productos, servicios y obras públicas. Conectar CompraNet con SICOP permitiría que el sistema de contratación electrónica dé seguimiento a cualquier proceso de contratación pública determinado, desde la etapa de asignación de presupuesto hasta el pago final de los contratos, con lo que los funcionarios de contratación pública podrán evitar duplicaciones. La información se ingresaría a un solo sistema y no a los múltiples registros de datos que ahora operan.

La interoperabilidad con otros sistemas nacionales, como la Plataforma Nacional de Transparencia y la Plataforma del Programa Nacional Anticorrupción, elevaría la capacidad del gobierno de desarrollar un panorama integral de la actividad de contratación pública. La Plataforma Nacional de Transparencia se implementó para permitir la publicación proactiva de información sobre las actividades gubernamentales en los niveles federal y subnacional en una sola plataforma. Si CompraNet pudiera comunicarse directamente con este sistema, la información sobre contratación pública ingresada en CompraNet podría ser utilizada por la Plataforma Nacional de Transparencia, evitando así ineficiencias por duplicación de gestiones y el riesgo de que se presenten inconsistencias en los datos.

De manera similar, el Programa Nacional Anticorrupción se utilizará para almacenar datos utilizados para apoyar las políticas de anticorrupción en México, entre ellas los registros de proveedores sancionados y los funcionarios públicos sancionados, así como el registro de funcionarios que realizan actividades de contratación pública.

Estos sistemas están en desarrollo y será importante que cuenten con la capacidad de intercambiar información con CompraNet. Vincular la información que contienen con CompraNet permitirá a las autoridades de todos los órdenes de gobierno combatir la corrupción de manera integral.

También está en desarrollo un programa que permitirá la interconexión entre CompraNet y los sistemas fiscales nacionales. El objetivo es identificar las empresas debidamente registradas y cumplir con las obligaciones marcadas por el Sistema de Administración Tributaria (SAT), así como identificar a empresas "fantasma" e impedirles participar en licitaciones abiertas (El Financiero, 2017[10]). Las empresas fantasma se utilizan para ganar licitaciones gubernamentales y recibir fondos públicos asignados a personas o compañías que carecen de la capacidad de ejecutar el contrato. Identificarlas y eliminarlas de los procesos de licitación reduciría el dispendio de fondos públicos.

Otras partes interesadas también saldrían beneficiadas con la interoperabilidad entre los sistemas gubernamentales. Por ejemplo, el acceso a la información sobre empresas que participan en oportunidades de licitaciones gubernamentales puede ayudar a las autoridades en materia de competencia a identificar casos de colusión en licitaciones. Al proporcionar información sobre mecanismos de subcontratación y ofertas conjuntas, CompraNet proporcionaría a las autoridades en materia de competencia mejor información sobre ciertas tendencias, como licitaciones inusualmente bajas y pautas de ofertas que indiquen colusión en posiciones inferiores de la cadena de suministro.

> **Recuadro 2.4. Integración horizontal del sistema con las finanzas nacionales en Colombia**
>
> Como parte de la transición a una nueva generación de la plataforma de contratación electrónica de Colombia, la segunda etapa del Sistema Electrónico para la Contratación Pública (SECOP II) se amplió para incorporarse en el Sistema Integrado de Información Financiera (SIIP). Esta conexión directa con el sistema de presentación de informes financieros aumentó en gran medida la precisión y la transparencia de los datos sobre los gastos realizados por las entidades contratantes. Integrar la información de contratación y presupuesto eliminó los riesgos de corrupción, entre ellos la separación de obligaciones financieras, ejemplos de contabilidad falsa y asignación incorrecta de costos, así como pago retrasado de facturas.
>
> Algunas entidades gubernamentales tienen el mandato de utilizar el sistema y algunas solamente reciben incentivos para hacerlo. Con el fin de atraer a entidades (como las empresas de propiedad estatal) que no están obligadas por ley a utilizar el sistema, Colombia Compra Eficiente desarrolló un conjunto de indicadores clave de desempeño que miden precisamente el desempeño del sistema nacional de contratación pública en varias categorías. Cada medida tiene un resultado de referencia del año anterior para desarrollar objetivos en las áreas siguientes:
>
> - Valor por el dinero: incluye parámetros del tiempo requerido para los procesos de contratación pública y los ahorros logrados con la contratación pública
> - Integridad y transparencia en la competencia: incluye medidas del número de contratos adjudicados a nuevos proveedores y el porcentaje de contratos adjudicados mediante procesos no competitivos
> - Rendición de cuentas: incluye medidas relativas a entidades públicas que hacen uso del SECOP y el porcentaje de contratos adjudicados publicados en este
> - Gestión de riesgos: incluye una sola medida relativa al porcentaje de contratos sin modificaciones de tiempo o valor
>
> *Fuente:* (OECD, 2016[11]).

Los ejemplos de Corea y Colombia, y la tendencia a alcanzar una mayor integración, sugieren la necesidad de disponer de una visión comparable para CompraNet. Integrarla con los sistemas centrales de contratación electrónica y finanzas gubernamentales sería el principal objetivo.

Un sistema amigable para el usuario que proporcione información fácilmente accesible, abierta y confiable

Las prácticas de datos abiertos podrían normalizar los datos sobre contratación pública y mejorar la rendición de cuentas

Si bien CompraNet contiene una gran cantidad de información sobre la actividad de contratación pública de México, esta no es suficientemente completa y no está disponible en formatos que puedan aumentar la rendición de cuentas. El proceso actual para lograr la transparencia y la rendición de cuentas en la contratación pública implica divulgar una buena cantidad de documentos en formatos PDF escaneados. Esto significa que las entidades de control y otras partes interesadas (por ejemplo, auditores o el público en general) tienen que invertir muchos esfuerzos y recursos para identificar actos de corrupción. Aumentar la rendición de cuentas requiere divulgar datos de alta calidad en un formato que permita a los analistas detectar tendencias y excepciones.

Recuadro 2.5. Recomendación del Consejo de la OCDE sobre Contratación Pública – principio sobre transparencia

II. RECOMIENDA que los Adherentes aseguren un nivel adecuado de transparencia a lo largo de todas las fases de la contratación pública.

A tal fin, los Adherentes deberán:

i) **Fomentar un trato justo y equitativo a los potenciales proveedores aplicando el adecuado grado de transparencia en cada fase del ciclo de la contratación pública,** al tiempo que dan la necesaria consideración a las legítimas necesidades de protección de los secretos comerciales, de la información exclusiva del propietario y demás cuestiones relativas a la privacidad, así como a la necesidad de evitar información que puedan utilizar partes interesadas para distorsionar la competencia en el proceso de contratación. Además, deberá exigirse a los proveedores que actúen con la debida transparencia en los procesos de subcontratación en que participen.

ii) **Permitir el libre acceso, a través de un portal en Internet, a todas las partes interesadas, incluidos los potenciales proveedores nacionales y extranjeros, la sociedad civil y el público en general, a la información relativa a la contratación pública** que tenga un especial vínculo con el sistema de contratación pública (por ejemplo, los marcos institucionales y las leyes y reglamentos), los procesos concretos de contratación pública que se convoquen (por ejemplo, información sobre la previsión de contratos públicos, las convocatorias o los anuncios de adjudicaciones), así como sobre la marcha del sistema de contratación pública (por ejemplo, referencias, resultados de seguimiento, etc.). De cara a su utilidad para las partes interesadas, toda información que se publique habrá de ser pertinente.

iii) **Garantizar la transparencia del flujo de fondos públicos, desde el principio del procedimiento presupuestario y a lo largo de todo el ciclo de la contratación pública** a fin de permitir (i) que las partes interesadas conozcan las prioridades de las autoridades y el gasto que estas realizan, y (ii) que los responsables de la formulación de las políticas elaboren las necesarias estrategias para la contratación pública.

Fuente: (OECD, 2015[12]).

La transparencia es ampliamente reconocida como una herramienta eficaz para combatir la corrupción. De acuerdo con estudios de la OCDE, es recomendable que los países pongan en práctica sistemas de control interno y regulatorio, con el apoyo de la transparencia y la participación activa de la sociedad civil en el proceso público de toma de decisiones (OECD, 2016[13]); esto permitiría disponer de una rendición de cuentas eficaz. Sin embargo, para ser eficaces, los sistemas de transparencia y rendición de cuentas deben estar vinculados y en la divulgación de información deberá considerarse la calidad de lo que se divulga, así como su cantidad.

> ### Recuadro 2.6. Vincular sistemas de rendición de cuentas y transparencia: Subsidios al Campo en México
>
> En 2008, una coalición de organizaciones de la sociedad civil y grupos de interés instauraron una plataforma electrónica llamada Subsidios al Campo en México (Subsidios, www.subsidiosalcampo.org.mx). La coalición estableció el sitio web como una herramienta en línea para fortalecer la transparencia por medio de la divulgación de información y datos sobre subsidios agrícolas federales. El sitio web incluye también datos totales sobre subsidios por estado, municipio y región, así como a lo largo de los años y por tipo de programas.
>
> La información se presenta de manera dinámica en la página, utilizando gráficas, figuras y mapas para facilitar la comprensión y el análisis comparativo. Según el sitio web, la iniciativa está dirigida a sistematizar información de diferentes fuentes (secretarías de Estado, entidades descentralizadas, centros de investigación y medios de comunicación). De conformidad con varias mediciones, la plataforma Subsidios ha logrado aumentar la transparencia, pero supuestos subyacentes sobre los vínculos y la interdependencia entre la transparencia y los mecanismos de rendición de cuentas, así como los actores relacionados, plantearon varias dificultades. Algunos de estos supuestos son los siguientes:
>
> - La información pública y accesible sería utilizada por organizaciones de la sociedad civil y por los ciudadanos para exigir acción por parte del gobierno.
> - Los actores clave relacionados con la rendición de cuentas y participantes en la política agrícola responderían a las demandas de los ciudadanos y emplearían la información para mejorar las funciones de control.
> - El poder Ejecutivo, incluida la Secretaría de Agricultura, sería corresponsable de las conclusiones y recomendaciones de las entidades de control, lo cual generaría reformas a las políticas respectivas.
>
> En el caso de Subsidios, en términos generales, el portal electrónico fue un éxito, pero los principales usuarios de los datos no contaron con los incentivos o la capacidad para utilizarlos. Los obstáculos tradicionales a las políticas de transparencia en línea incluyen también barreras al acceso a la información y resistencia a la divulgación por parte de entidades gubernamentales (Shkabatur, 2012[14]). Las barreras al acceso a la información implican no solo la divulgación de información (cantidad), sino también la manera en la que esta se divulga (calidad) y si el público o los actores de la rendición de cuentas pueden analizarla y entenderla.
>
> Los supuestos en el caso de la plataforma Subsidios ilustran la importante relación entre las iniciativas de transparencia y los mecanismos de rendición de cuentas. Los sistemas de transparencia dependen de dichos mecanismos para alcanzar ciertos resultados y viceversa. Como lo demuestran los supuestos en el caso de Subsidios, para que las iniciativas de transparencia influyan en el cambio de políticas, es necesario que los actores del sistema de rendición de cuentas se responsabilicen de ellas.
>
> *Fuente:* (Cejudo, 2012[15]); (Shkabatur, 2012[14]); (Subsidios al Campo, 2017[16]).

En fecha reciente la SFP encabezó la promoción de la agenda anticorrupción de México. En marzo de 2017, el gobierno federal de México estableció la Alianza para las contrataciones abiertas, que reúne a partes interesadas de los sectores público y privado, con el objetivo de adoptar el Estándar de Datos de Contrataciones Abiertas (EDCA) para todos los contratos modelo de adquisiciones gubernamentales en los niveles central y local (Coordinación de Estrategia Digital Nacional (National Digital Strategy Coordination), 2017[17]). Se espera que la adopción del EDCA cause un efecto directo sobre el trabajo realizado en CompraNet. El EDCA facilita la publicación estructurada de los datos de todas las etapas del proceso de contratación pública: planeación, licitación, adjudicación, contratación e implementación.

Si bien el gobierno mexicano acordó implementar el EDCA, la información actualmente publicada en CompraNet no proporciona "datos compartibles, reutilizables y legibles por máquina", como lo requiere el EDCA. El estado actual de los datos de CompraNet no permite realizar con facilidad un análisis completo de las actividades de contratación pública, puesto que:

- Ya que las respuestas a la licitación a menudo se entregan en copia impresa, los datos se cargan escaneando documentos en formato PDF, los cuales no se leen con facilidad; esto dificulta la extracción de campos de datos en forma estandarizada.
- Actualmente no se utiliza la función para firmas electrónicas, por lo que no es posible integrar los contratos en el sistema en formato de datos abiertos.
- El gran número de campos abiertos dificulta la búsqueda y el ingreso de datos en forma estandarizada.
- La falta de cumplimiento de las convenciones de asignación de nombres y los estándares de referencia acordados reducen la calidad y la búsqueda de datos en CompraNet. Esto dificulta su enlace con datos o procesos de otros sistemas gubernamentales.

Al desarrollar un enfoque a la implementación del EDCA, conviene considerar qué información no deberá ponerse a disposición del público. Además de los requisitos de privacidad de los datos, hay límites a la eficacia de la transparencia total respecto a la información sobre licitaciones. De acuerdo con el Grupo de Trabajo sobre Competencia de la OCDE, "la transparencia total sobre el proceso de contratación pública y sus resultados puede fomentar la colusión. Divulgar información relativa a la identidad de los licitantes y los términos y condiciones de cada oferta permite que los competidores detecten desviaciones de un acuerdo colusorio, castiguen a estas empresas y coordinen mejor licitaciones futuras" (OECD, 2011[18]). Por otra parte, la transparencia total puede provocar que se comparta información delicada en el sentido comercial, como modelos de asignación de precios y márgenes de utilidad utilizados por las empresas, lo cual podría desalentar a estas de participar en oportunidades de contratación pública. De esta forma, es posible que el sistema capture información delicada en el sentido comercial y la ponga a disposición de entidades de control, como instituciones de auditoría, sin abrirlas al público en una forma que aliente la colusión.

Es posible lograr que haya rendición de cuentas incluso en un entorno donde la transparencia está en cierta medida restringida, al mejorar la sistematización o la rastreabilidad de las decisiones por medio del proceso de contratación pública. La contratación electrónica puede eliminar de este proceso las oportunidades de cometer actos de corrupción, si se le diseña para garantizar que las reglas y los procedimientos sean congruentes y estandarizados. Esto puede restringir la discrecionalidad en el proceso de toma de decisiones (Heggstad & Frøystad, 2011[19]). Al incluir criterios de evaluación y ponderaciones en la documentación de licitaciones y establecer dichos criterios de evaluación dentro del sistema con antelación, es posible evaluar las respuestas a la licitación respecto a los criterios establecidos. Esta actividad puede realizarse sin un control directo por parte del público, utilizando la función del sistema para evaluar la licitación respecto al criterio predefinido y a la vez evitar la publicación de información delicada en el sentido comercial.

Según las conclusiones alcanzadas en un foro global sobre corrupción en la contratación pública organizado por la División de Competencia de la OCDE, podrían emplearse varios otros métodos para dificultar más la colusión, y a la vez mantener la transparencia y salvaguardar la necesidad de reducir el riesgo de corrupción:

- Solo debería darse a conocer información sobre la oferta ganadora; la información sobre las ofertas perdedoras podría quedar disponible únicamente a las entidades emisoras de las licitaciones y a los contralores, no a los competidores en general.
- Debido al posible efecto desestabilizador de los licitantes no identificables sobre la colusión en las licitaciones, el funcionario de contratación pública podría considerar no revelar la identidad de los licitantes y tal vez referirse a ellos solo por número y por el número de participantes que quedan en el proceso de licitación.
- El momento de divulgar información delicada (como la identidad de los licitantes perdedores y sus ofertas) podría retrasarse para suavizar los efectos de dicha revelación sobre la colusión (OECD, 2010[20]).

Para cumplir los requisitos del EDCA, la SFP y las autoridades contratantes actualmente invierten una cantidad importante de recursos escaneando y subiendo documentación para la contratación. Este trabajo administrativo no se requeriría después de haber usado una vez por completo el EDCA. De acuerdo con la Alianza para las Contrataciones Abiertas (OCP), grupo responsable del desarrollo del EDCA, varios países y ciudades han sido beneficiados de la transición al estándar, como se menciona en el Recuadro 2.7.

Recuadro 2.7. Norma de Información Abierta sobre Contratación en Ucrania

Después de la revolución Maidán, la sociedad civil, el sector privado y el gobierno de Ucrania se reunieron para aumentar la transparencia del suministro de recursos humanitarios. A partir de esta experiencia, activistas civiles y expertos en contratación pública formaron una sociedad público-privada, la iniciativa ProZorro, para trabajar en la ampliación de esta experiencia con el fin de aumentar el acceso al público del sistema de contratación pública de Ucrania.

El nuevo sistema, basado en la Norma de Información Abierta sobre Contratación, se emprendió en febrero de 2015. Permite que cualquier documento e información relacionados con la contratación pública (incluidos planes anuales, convocatorias y documentación para la licitación, ofertas, decisiones de los comités de evaluación y contratos) estén completamente accesibles en línea como datos abiertos. Los resultados del proyecto han sido impresionantes: en los primeros tres meses se ahorraron 1.5 millones de dólares en fondos públicos y la competencia aumentó de un promedio de dos empresas licitantes por licitación a tres.

Tras la adopción de una nueva ley de contratación pública en diciembre de 2015, y desde que se promulgó su carácter obligatorio el 1 de abril de 2016, ProZorro se amplió para incluir toda la contratación pública de Ucrania. El éxito del proyecto, más impactante aún si se toma en cuenta el conflicto bélico en el país, se debió en gran parte a la colaboración entre diferentes partes interesadas. Para ellas, este proyecto abarcaba mucho más que los datos abiertos como principio. La implementación se orientaba a resultados, no solo en términos de cifras y ahorros, sino también en lo que respecta a transformar la cultura empresarial en algo más beneficioso para el país. El proyecto de Ucrania se ha compartido con otros actores del mismo ámbito de trabajo como un caso de éxito. ProZorro ganó el Premio Mundial de Contratación en el Sector Público.

Fuente: (Open Contracting Partnership, 2017[21]).

La transición al EDCA puede facilitarse mediante el uso de orientación y herramientas proporcionadas por la propia OCP. Según sus experiencias de trabajo con países y ciudades para poner en práctica el EDCA, la implementación deberá seguir los pasos siguientes:

1. **Diseñar su participación y hacer un compromiso**: identificar los objetivos clave por lograr, interactuar con las partes interesadas y conformar un equipo con competencias tecnológicas y de política
2. **Mapear la disponibilidad para la contratación abierta en su país**: mapear los datos y los documentos del EDCA con el fin de identificar qué datos se requieren para cubrir las necesidades del usuario y qué falta
3. **Desarrollar la implementación de su Estándar de Datos de Contrataciones Abiertas**: crear publicaciones de datos al modificar las herramientas existentes o utilizar nuevas herramientas con el fin de transformar datos y documentos
4. **Publicar datos sobre contratación**: publicar en línea con una política que ordene cuánta información se mantiene al día y cómo se gestionará la privacidad y la confidencialidad

5. **Utilizar información para monitorear los contratos gubernamentales y solucionar problemas**: desarrollar herramientas que faciliten el uso de los datos y fortalecerlas para promover la rendición de cuentas
6. **Aprender e innovar respecto a la contratación gubernamental**: hacer ajustes para garantizar un ciclo de mejora continua
7. **Mostrar y compartir lo que se ha aprendido**: documentar los avances y monitorearlos en comparación con los objetivos originales (Open Contracting Partnership, 2017[22]).

Una vez realizada la transición al EDCA, los detalles sobre las ofertas de licitación y los contratos resultan mucho más rastreables y auditables dentro del sistema. Sin embargo, la transición requerirá que los usuarios y proveedores estén bien capacitados y que los cambios de ofertas de licitación impresas y firmas manuales a documentos electrónicos se gestionen con minuciosidad. En Chile, la transición de las ofertas de licitación sobre papel y "mixtas" a documentación de licitación electrónica requirió que Chile Compra brindara incentivos a los proveedores y las autoridades contratantes, por ejemplo:

- Intensificar el número de auditorías sobre procesos mixtos y físicos, y a la vez comunicar con claridad la estrategia a las autoridades contratantes
- Utilizar los Términos y Condiciones de Uso del Sistema para establecer un plazo estricto y demandante para subir expedientes de licitación sobre papel
- Comunicar a la comunidad de proveedores información estadística sobre el número de errores de carga cometidos por las autoridades contratantes
- Calcular el costo de las horas que la autoridad contratante dedicó a subir los documentos y divulgar los resultados para demostrar las brechas de eficiencia en todo el sector público

Al completar la transición al EDCA, los datos contenidos en CompraNet serán mucho más utilizables y aportarán una plataforma sólida para análisis posteriores. Esta se usará para mejorar la rendición de cuentas, controlar el cumplimiento de la política de contratación pública y optimizar la toma de decisiones en relación con el efecto de la política de contratación pública sobre las autoridades contratantes, los proveedores y la economía en general. El aspecto de aprendizaje continuo de la implementación del EDCA será fundamental para la mejora continua y requerirá que se recoja una retroalimentación constante de los usuarios. A medida que se pongan en práctica funciones como listas desplegables y opciones restringidas para evitar campos abiertos, será necesario permitir que los usuarios aún tengan posibilidad de manejar el sistema para ingresar la información necesaria.

Considerar las necesidades de las partes interesadas puede ayudar a la SFP a recabar información que revele percepciones

Varios grupos de interés requieren información de CompraNet por diversas razones, por ejemplo, para poder realizar análisis de tendencias, investigar malas prácticas, formular políticas o emprender análisis de mercados. Todos estos actores participan en la operación eficaz del sistema mexicano de contratación pública y dependen de la información contenida en CompraNet para desempeñar sus funciones. Por consiguiente, una estrategia de gestión de datos para CompraNet tendría que garantizar que la información sea integral y accesible y que las partes interesadas puedan utilizarla de manera eficiente.

No todas las partes interesadas tienen acceso a CompraNet, y aquellas que sí lo tienen encuentran dificultades para acceder a la información que necesitan. Por ejemplo, el Instituto Mexicano del Seguro Social (IMSS), que es una autoridad contratante, tiene 544 000 trabajadores y un equipo de auditoría de 504 personas, el cual constituye menos de 0.1% de la fuerza de trabajo total. La organización gasta 1 mil millones de pesos mexicanos al día (56.5 millones de dólares). La mayor parte de su gasto es centralizada: 93% se lleva a cabo en el nivel central mediante contratos en CompraNet. En la actualidad, el equipo auditor del IMSS tiene una capacidad limitada de utilizar la información contenida en CompraNet para identificar problemas en procesos de contratación pública. Si se utiliza de manera adecuada, los datos incluidos en CompraNet podrían reforzarse para permitir a los equipos de auditoría de las autoridades contratantes realizar investigaciones focalizadas más que aleatorias.

> ### Recuadro 2.8. Sistema de Análisis de Indicadores de Colusión en Licitaciones de Corea (BRIAS)
>
> La Comisión de Comercio Justo (CCJ) de Corea trabaja con entidades de compras públicas para identificar prácticas colusorias y posibles casos de colusión en licitaciones de contratación pública. Su trabajo es particularmente importante en la actualidad, debido a que se han identificado varios posibles casos relacionados con un mayor gasto como respuesta a la crisis económica de 2009. En 2009 y 2010, Corea emprendió varios grandes proyectos de obras públicas en un periodo limitado y se han presentado quejas de que los contratistas se coludieron para dividirse dichas obras.
>
> Para identificar los casos de colusión, la CCJ solía depender de los informes voluntarios de miembros de carteles deseosos de obtener sentencias más benignas y de informes de proveedores competidores. Estas siguen siendo las fuentes más confiables para identificar la posible colusión. En 2006, la CCJ desarrolló el Sistema de Análisis de Indicadores de Colusión en Licitaciones de Corea (BRIAS) para complementar los métodos de identificación mencionados.
>
> Con base en información obtenida directamente del sistema de contratación electrónica coreano KONEPS, el BRIAS analiza elementos de información como precio de oferta (en relación con el precio de referencia), número de participantes y método de competencia, y aplica una fórmula que genera una calificación relacionada con la posible colusión en licitaciones. Si la calificación supera un cierto límite, sugiere que se recabe más información sobre el contrato y su actividad. A partir de la información recabada, se abre una investigación de así requerirse.
>
> El BRIAS recaba información del KONEPS de manera diaria y mensual, y el sistema opera con datos recogidos en los meses anteriores. En cuanto a productos y servicios, el BRIAS abarca licitaciones mayores de 423 800 dólares. En cuanto a obras públicas, el límite es 4.2 millones de dólares. En 2012, el BRIAS operaba con 20 000 a 30 000 ofertas al año; de alrededor de 20 000 operaciones controladas en 2012, el sistema generó 200 casos que ameritaban un análisis más detallado. Este tipo de sistema automático para detectar banderas rojas en la contratación pública es una buena práctica que se ha implementado con éxito en otros países, como Brasil.
>
> *Fuente:* (OECD, 2016[7]).

Cada parte interesada tiene diferentes necesidades de información, la cual tendrá que entenderse antes de diseñar herramientas eficaces de búsqueda y análisis y para garantizar que las bases de datos se estructuren adecuadamente. Por ejemplo, los auditores podrían requerir información global por entidad, con la posibilidad de entrar en detalle para identificar excepciones a la licitación abierta y desarrollar un plan de auditoría focalizado. Esto permitirá a los Órganos Internos de Control cerciorarse de que las autoridades contratantes sigan un proceso competitivo a través de CompraNet, excepto cuando haya una excepción válida. Los operadores de contratación pública necesitan datos para formular estrategias de mercado y los formuladores de políticas necesitan poder detectar pautas macro para identificar oportunidades de colaboración en todo el gobierno y evaluar el efecto de la política de contratación pública sobre el mercado de suministro.

De acuerdo con la empresa consultora PricewaterhouseCoopers (PwC), la contratación electrónica permite detectar y prevenir la corrupción en la contratación pública si los datos sobre licitaciones, licitantes y contratistas se recopilan y almacenan de manera estructurada y están disponibles para investigación y análisis. Por ejemplo, el control y el análisis posteriores a la licitación podrían identificar pruebas de corrupción (por ejemplo, número de contratos adjudicados al mismo licitante, número de licitantes, etc.); después podría utilizarse la extracción de datos para detectar anomalías y revelar los posibles casos de fraude o corrupción (PwC; Ecorys, 2013[23]).

Cuadro 2.1. Necesidades de datos de las partes interesadas características

	Necesidades de información global	Necesidades de información desglosada
Autoridades contratantes	• Proveedores registrados por categoría • Gasto por categoría • Gasto por proveedor • Uso de P-card (tarjeta de compra)	• Gasto identificable • Ahorros logrados vs. tasa de mercado • Tiempos de pago • Cumplimiento del contrato por proveedor • Uso de P-card por empleado
Instituciones auditoras	• Número de adjudicaciones directas y excepciones • Tiempos para presentar ofertas de licitación	• Gasto vs tasa de contratos • Excepción vs. mercado de suministro
La sociedad civil	• Número de adjudicaciones directas y excepciones por la autoridad contratante • Oferta promedio por licitación	• Número de ofertas por contrataciones específicas
Proveedores	• Oportunidad por categoría • Adjudicación de contratos por proveedor	• Adjudicación de contratos por proveedor
Órganos centrales de compras/formuladores de políticas	• Información de gasto por categoría • Gasto de contrato marco • Información de gasto de autoridad contratante • Cumplimiento del contrato por proveedor • Adjudicación de contratos por PYME/empresas propiedad de mujeres	• Cumplimiento del contrato marco
Autoridades en materia de competencia	• Gasto por proveedor • Tendencias de valor de ofertas • Pautas de ganancia de ofertas	• Número de ofertas por contrataciones específicas

Nota: Las necesidades de gastos mostradas son solo a manera de ejemplo y representan datos que podrían idealmente estar disponibles para las partes interesadas.
Fuente: Basado en entrevistas a partes interesadas.

No toda la información presentada en el cuadro está disponible en el sistema actual. Según una encuesta realizada con directores de contratación pública (DCP) por Deloitte, se estima que el área de la tecnología será la que ejerza mayor impacto sobre la contratación pública en los próximos dos años (65%), aunque una limitada integración de datos es el segundo mayor obstáculo a la aplicación eficaz de las tecnologías digitales (Deloitte, 2017[24]). Al desarrollar la estrategia de gestión de CompraNet, es preciso tomar en cuenta cómo tiene que recabarse y estructurarse la información a medida que los sistemas se integran paulatinamente a CompraNet; así se garantizará que las necesidades de las partes interesadas se cubran en el futuro.

Dada la diversidad de las partes interesadas y sus diferentes necesidades, cualquier interfaz que se desarrolle para brindar acceso a datos debe ser de fácil uso para el usuario y deberá ofrecer la formación proporcionada. De acuerdo con un informe sobre estrategias de inteligencia de negocios (BI), la facilidad de uso del sistema es un impulsor clave del valor que las partes interesadas pueden obtener de los datos (Howson, 2010[25]). Un estudio sobre usuarios del sistema de BI mostró que, independientemente de la sencillez de la interfaz BI, solo una pequeña parte (19%) mencionó que no debería requerirse capacitación formal de ningún tipo, cuando en realidad 37% de quienes respondieron no recibieron capacitación alguna. Veinte por ciento de los encuestados que respondieron dijeron que les gustaría recibir por lo menos medio día de capacitación y cerca de la mitad (48%) preferiría uno o dos días de capacitación, o más. En el estudio se recomendó que se considerara la facilidad de uso para varias partes interesadas y grupos de usuarios, con el fin de desarrollar:

- Una solución de BI que sea fácil usar y mejorar
- Un contenido de BI que resulte fácil de crear para los "usuarios de poder", como informes y tableros
- Tableros e informes con los que los usuarios característicos puedan interactuar, que puedan explorar y consumir fácilmente
- Datos presentados de una manera que facilite sacar conclusiones una vez que se accede a ellos

Sin embargo, una consideración fundamental que precede a la implementación de una herramienta BI es que la información dentro del sistema sea precisa, ya que las herramientas BI requieren datos correctos para generar conclusiones significativas.

Mantener la integridad de los datos requerirá una buena gobernanza dentro y fuera de CompraNet

La confiabilidad de los datos contenidos en CompraNet depende de que la información ingresada sea precisa, oportuna y completa. La encuesta Deloitte aplicada a DCP identificó la calidad de los datos como el mayor obstáculo para la aplicación eficaz de las tecnologías digitales (49%) (Deloitte, 2017[24]). Parte del asunto puede resolverse mediante cambios al sistema, como aumentar controles y requerir el ingreso de información completa e inalterable antes de que los procesos de contratación pública puedan avanzar a una etapa posterior. Sin embargo, algunos elementos de integridad de los datos requieren capacitar, ofrecer incentivos u obligar a los usuarios a incluir datos correctos y oportunos.

Según un estudio sobre gobernanza de datos de contratación pública y soluciones de la cadena de suministros a organizaciones privadas, realizado en conjunto con Bravo Solutions, solo 20% de los 70 profesionales de contratación pública que respondieron están implementando un programa de "gobernanza de datos" en la actualidad. Al clasificar las prioridades de "calidad de los datos", estos se ordenaron como sigue: datos precisos (58%), válidos (18%), completos (11%), congruentes (11%), únicos (11%) y oportunos (11%). El estudio indica que estas inquietudes representan un grave impedimento para migrar a una estrategia digital y poder utilizar herramientas analíticas avanzadas con un alto nivel de confianza (Handfield, Yacura, & Soundararajan, 2017[26]).

De acuerdo con partes interesadas, en varios pasos a lo largo del ciclo de contratación pública, los datos contenidos en CompraNet afrontan alguno de los retos antes mencionados. Por ejemplo, México desarrolló su propio sistema de catálogo, el Clasificador Único de las Contrataciones Públicas (CUCOP), pero este no es utilizado de manera sistemática por los funcionarios de contratación pública. La falta de observancia en el uso de clasificadores comunes provoca que en CompraNet se incluyan datos imprecisos e inservibles. Por consiguiente, los funcionarios de contratación pública tienen mayor dificultad para acceder a información sobre procesos previos de contratación pública, como la relacionada con asignación de precios y las cantidades contratadas por cada producto y servicio. Esto afecta la capacidad del usuario de desempeñar tareas como el desarrollo de evaluación de necesidades o llevar a cabo estudios de mercado o convocatorias para oportunidades de licitación. La información contenida en el sistema también respalda las solicitudes de excepciones a las licitaciones. Si este proceso no parte de información precisa, podrían otorgarse excepciones sin contar con los datos requeridos.

En el Cuadro 2.2 se identifican los retos planteados durante las charlas con las partes interesadas y los tipos de tácticas que pueden identificarse en una estrategia de gestión de datos. Es importante observar que no todos los datos o temas sobre seguridad pueden resolverse con el uso de tecnología. Una estrategia de gestión de datos requiere tácticas en las que se mezclen la tecnología, el cambio de procesos, la formación y el desarrollo cultural, entre otras cosas (Handfield, Yacura, & Soundararajan, 2017[26]).

Cuadro 2.2. Técnicas para gestionar la integridad de los problemas relacionados con datos

Etapa de la contratación	Problema de datos	Posibles métodos de resolución
Estudio de mercado	No se cargan los resultados de manera congruente	• Función del sistema – el usuario no puede avanzar a la siguiente etapa sin completar y cargar el estudio de mercado
Registro de proveedores	No se elimina del sistema a los proveedores descalificados	• Eliminación automática de los proveedores incluidos en lista negra
Clasificación de la licitación	Las licitaciones no están clasificadas correctamente	• Adaptación a estándares internacionales de clasificación • Guía adicional para el usuario sobre la manera en que deberá utilizarse el sistema de clasificación
Licitación – general	No se dispone de los datos cuando están vinculados con una cuenta de usuario para una persona que ha salido de la organización	• Activar a superusuarios de las autoridades contratantes para reasignar las licitaciones a otros miembros del personal
Licitación – general	Preocupación por que múltiples usuarios puedan acceder a una sola cuenta	• Mantener a los superusuarios y administradores del sistema como parte de las autoridades contratantes para responder por la gestión de los derechos de los usuarios y verificar el uso en los equipos de contratación
Licitación – general	Uso irregular de las convenciones sobre asignación de nombres	• Brindar orientación sobre el uso de las convenciones de asignación de nombres del sistema
Licitación – general	Uso irregular de números de referencia	• Implementar una función del sistema que asigne a cada licitación un número de referencia único que se enlace con otros sistemas
Contratos y variaciones del contrato	Registro incompleto de contratos y variaciones del contrato	• Publicar una lista de contratos faltantes para las autoridades contratantes, con el fin de alentar el cumplimiento • Inhabilitar a los usuarios que no han cargado los contratos de licitaciones concluidas • Utilizar la conexión futura con el sistema financiero para inhabilitar pagos por imprecisión de precios unitarios sin presentar las variaciones adecuadas al contrato para ajustar el precio unitario como corresponda

Fuente: Basado en entrevistas a partes interesadas.

En la actualidad no se requiere subir a CompraNet algunos elementos de información que las partes interesadas insistentemente calificaron como importantes para comprender todo el panorama de la actividad de contratación pública en México y, por tanto, no se incluyen en el sistema. En primer lugar, cuando las autoridades contratantes solicitan una excepción a un proceso de licitación abierta, no se dan a conocer las razones para implementar esa excepción. Grupos de la sociedad civil indican que las autoridades contratantes a menudo eligen, erróneamente, procedimientos de contratación pública restrictivos que implican una negociación directa con un solo proveedor, lo cual suele respaldarse con estudios imprecisos de mercado que señalan que no hay otros posibles proveedores. Sin embargo, en efecto existen excepciones válidas a los concursos abiertos, entre ellos en casos muy delicados como la contratación de bienes o servicios relacionados con la seguridad nacional. Cuando sea apropiado, ordenar y facilitar la publicación de esta información en un formato fácil de usar permitiría validar esas solicitudes (por ejemplo, mediante la realización de estudios de mercado objetivos para verificar las razones esgrimidas por las autoridades contratantes) y a fin de cuentas aumentaría la competencia y la probabilidad de que las excepciones se apliquen de manera correcta. Operadores de CompraNet indicaron que en los casos en que de hecho intentaron ingresar información al sistema, la plataforma no era adecuada para cargar información sobre procedimientos no competitivos y se requeriría modificar el sistema para facilitar esta tarea.

En segundo lugar, no se requiere (o permite) subir los contratos entre las autoridades contratantes y otras autoridades contratantes o entidades propiedad del Estado (por ejemplo, universidades), de conformidad con lo que se conoce como excepción al Artículo 1 (Artículo *1*, 5° párrafo, LAASSP y Artículo 1, 4° párrafo, LOPSRM), a CompraNet. Según investigaciones realizadas por Animal Político y Mexicanos Contra la Corrupción y la Impunidad (MCCI), al utilizar excepciones al Artículo 1, se adjudicaron 7 670 millones de pesos en contratos públicos a 186 empresas, por medio de ocho universidades públicas. No obstante, 128 de las empresas no tenían derecho a recibir recursos públicos, dado que no contaban con la infraestructura o personalidad jurídica para brindar los servicios para los cuales se les contrató, o, sencillamente, porque no existían de manera formal (Animal Politico, 2017[27]). Incluso en estos casos, las autoridades contratantes están obligadas a aplicar los principios estándar de contratación pública dictados por el Artículo 134 de la Constitución. Puesto que no se ha dado a conocer al público o se ha cargado en ningún repositorio central, no es fácil acceder a la información relacionada con esta importante proporción de gasto gubernamental.

Bajo el actual marco jurídico, no se requiere que las dos categorías de información mencionadas se pongan a disposición del público. Por ende, es necesario reforzar todos los cambios al sistema para permitir la publicación de esta información al formalizar estos procesos en la legislación.

La calidad de las conclusiones que pueden extraerse de CompraNet afectará la capacidad del sistema de aumentar la rendición de cuentas, asesorar sobre políticas públicas y generar valor para los fondos públicos. Sin embargo, la calidad de las conclusiones dependerá de la calidad y la exhaustividad de los datos ingresados al sistema. Una estrategia de gestión de datos que no se limite a utilizar motores tecnológicos puede mitigar varios riesgos de integridad de los datos.

Utilizar CompraNet para mejorar las prácticas de contratación pública, fomentar la competencia y optimizar el valor por el dinero público

Los servicios de la mesa de ayuda y capacitación pueden mejorarse y complementarse

Los Adherentes a la Recomendación del Consejo de la OCDE sobre Contratación Pública tendrían que formar un sistema orientado al uso de procesos de contratación pública eficientes y eficaces, y reducir los trámites burocráticos y los costos administrativos, esto en un contexto de contratación electrónica que implica ofrecer apoyo a los usuarios de la plataforma con el fin de maximizar los beneficios de la funcionalidad del sistema. La capacitación y la orientación, apoyadas por servicios de mesa de ayuda especializados para su propósito que respondan a compradores y proveedores, mejorarán la interacción de los usuarios con el sistema.

La necesidad de ayudar a los usuarios a aprovechar al máximo los avances tecnológicos en la contratación pública no se limita a México. De acuerdo con el estudio de la OCDE sobre contratación pública, 40% de los países reportaron bajos niveles de conocimientos y competencias en el uso de TIC (OECD, 2016[1]). Este punto se ha calificado en los países de la OCDE como el segundo obstáculo más importante para el uso eficaz de los sistemas de contratación electrónica por parte de las autoridades contratantes.

En la actualidad CompraNet recibe el apoyo de un equipo de servicios internos de mesa de ayuda conformado por tres personas, el cual se hace cargo de consultas y problemas planteados por correo electrónico. Este servicio se complementa con recursos de autoservicio como guías para el usuario, videos y manuales. El servicio responde a consultas relativas a los procesos, las políticas y la legislación de contratación pública. Desde 2010, la mesa de ayuda ha recibido en promedio 3 000 consultas de usuarios al mes, 70% de las cuales se procesaron, en tanto que 30% aún no se resuelven. El tamaño relativamente pequeño del equipo de la mesa de ayuda puede explicar por qué no se resuelven todas las consultas.

En cambio, la mesa de ayuda de Colombia Compra Eficiente cuenta con un equipo de 30 personas, conformado por dos supervisores, un encargado de aseguramiento de calidad, un capacitador y 26 agentes. El servicio se ofrece a los usuarios en tres canales distintos. El Cuadro 2.3 muestra cómo se mide a los agentes según el número de asuntos resueltos y como se compara el número promedio de consultas por agente con el de México.

Cuadro 2.3. Estadísticas mensuales promedio de la mesa de ayuda de Colombia Compra Eficiente (2017)

	Consultas recibidas	Consultas resueltas	Consultas por agente (promedio mensual)	Consultas recibidas en México por agente (promedio mensual) (1 enero-2 octubre de 2017)
Llamadas	8 911	6 744 (76%)	343	478
Chat	13 568	9 358 (69%)	522	N/A
Correo electrónico	2 054	2 054 (100%)	79	423
Total	24 533	18 156 (74%)	944	443

Fuente: Datos proporcionados por cortesía de Colombia Compra Eficiente y la SFP.

En la actualidad el número de consultas por agente entre Colombia y México es comparable. Sin embargo, una vez que CompraNet sea más conocido y utilizado, y tomando en cuenta los incrementos que ocurrirán con los cambios del sistema, es probable que aumente el número de consultas por agente en México. El número promedio de consultas de los usuarios en Colombia es ocho veces mayor que el de México. De manera similar, el número promedio de consultas al mes en Chile (20 000) es casi siete veces mayor que el promedio mensual de México, lo cual implica que los usuarios de CompraNet no interactúan con los servicios de apoyo al mismo ritmo que en otros países. Esto podría atribuirse a falta de conocimiento de la existencia de dichos servicios de apoyo, o bien, podría sugerir que CompraNet es un sistema estable bien entendido por sus usuarios.

Explorar con personas que no utilizan los servicios de apoyo cuáles son sus razones para no mantener contacto con la mesa de ayuda aclara en algo la percepción del usuario, al igual que solicitar a los usuarios que participen en encuestas de percepción o retroalimentación. Puede considerarse emprender esfuerzos para medir la percepción del usuario del servicio de mesa de ayuda, con el fin de cerciorarse de que el servicio se oriente al cliente y sea de fácil uso para el usuario. Mediante encuestas de satisfacción es posible también medir los cambios de percepción del usuario con el tiempo.

El proceso de anticipar y prepararse para los efectos de un cambio empresarial importante relacionado con las políticas, la conducta, los sistemas y los procesos se conoce como "gestión de cambio". Después de un cambio significativo en el sistema (muchos de los cuales se prevén al implementar la hoja de ruta de este), es probable que el número de consultas de los usuarios aumente considerablemente. En el plan para gestionar los cambios al sistema tendría que tomarse en cuenta la probabilidad de que las consultas alcancen un pico. A medida que las demandas de los servicios de la mesa de ayuda aumenten, tendrá que prestarse atención a los cambios que se requerirán en las directrices y los servicios de formación. Comunicar a los usuarios cómo deberá usarse el sistema para llevar a cabo cada paso del ciclo de contratación pública (por ejemplo, evaluaciones de las necesidades, estudios de mercado o identificación de las cualificaciones y criterios de adjudicación) será clave para el éxito de las mejoras.

Recuadro 2.9. Formación de partes interesadas y apoyo para la contratación electrónica en Colombia

En su trabajo, Colombia Compra Eficiente hace hincapié en la importancia de participar con las partes interesadas al proporcionarles información útil y pertinente. Su mesa de ayuda para todas las partes interesadas ofrece manuales y vídeos sobre el uso de sistemas electrónicos, y elabora también manuales y guías que explican cómo funciona el sistema de contratación pública. Además, Colombia Compra Eficiente publica un boletín periódico para las partes interesadas en el que destaca las iniciativas y mejoras continuas. SECOP II, la segunda etapa del lanzamiento de la contratación electrónica de Colombia, brinda oportunidades de continuar y ampliar la participación de los interesados.

Las entidades compradoras gubernamentales, los proveedores actuales y los posibles, las autoridades a cargo del control, los medios de comunicación, así como las organizaciones no gubernamentales y el público en general, están muy interesados en recibir información importante sobre el sistema de contratación pública. Las entidades gubernamentales, los proveedores y los actores de la industria a quienes se entrevistó expresaron mucho interés en la reducción de los esfuerzos que se obtendrá a partir de la digitalización de procesos; la inquietud principal era que el nuevo sistema se adoptara a la brevedad. Muchos mencionaron también que la transición a la SECOP II y los procesos electrónicos definidos con mayor claridad disminuirán los obstáculos enfrentados por los posibles nuevos participantes en sus primeros encuentros con el proceso de contratación pública.

Los periodistas son también grandes usuarios de la información sobre contratación pública proporcionada por SECOP II. El grupo expresó asombro y satisfacción en las entrevistas respecto a la cantidad de información que Colombia Compra Eficiente pone a disposición de los usuarios y también respecto a la disposición del personal para responder preguntas sobre si se contaba o no con los datos. Este grupo, al igual que otros actores, expresó su interés en los beneficios que podrían lograrse en la transición a SECOP II. Estimaban que el nuevo sistema podría producir datos de mayor calidad y una mejor interconexión con otras fuentes de información. Los entrevistados mencionaron el carácter oportuno de la información disponible como una inquietud fundamental.

Fuente: (OECD, 2016[11]).

Preparar a los usuarios para los cambios en el sistema implica también a las actividades para mejorar y ampliar la capacitación en el sistema para proveedores y para las autoridades contratantes. En lo que se refiere a funcionarios de contratación pública y proveedores que actualmente utilizan CompraNet, la SFP desarrolló programas de formación presenciales, así como cursos en línea para la autocapacitación. Alrededor de 9 000 funcionarios de contratación pública recibieron capacitación presencial en el uso de CompraNet entre 2011 y 2017. Sin embargo, la información recabada durante la misión de investigación de la OCDE sugiere que muchas consultas hechas a la mesa de ayuda de CompraNet revelan falta de conocimiento de los procesos y las normas del sistema. Se espera que con la mejora y la complementación de oportunidades continuas de formación en el sistema para funcionarios de contratación pública se reduzca la dependencia de la mesa de ayuda para recibir apoyo y asegurarse de que el sistema se emplee como una herramienta eficaz para la contratación pública. Desarrollar las capacidades de los empleados de contratación pública de manera sostenible representa un esfuerzo a largo plazo y se requieren estrategias para afrontar los temas inmediatos y a futuro.

Recuadro 2.10. Recomendación del Consejo de la OCDE sobre Contratación Pública – principio sobre capacidad

IX.   RECOMIENDA que los Adherentes dispongan de un personal dedicado a la contratación pública con **capacidad** de aportar en todo momento, de manera eficaz y eficiente, la debida rentabilidad en este ámbito.

A tal fin, los Adherentes deberán:

i)   **Asegurarse de que los profesionales de la contratación pública tienen un alto nivel de integridad, capacitación teórica y aptitud para la puesta en práctica, para lo que les proporcionan herramientas específicas y periódicamente actualizadas**, disponiendo, por ejemplo, de unos empleados suficientes en número y con las capacidades adecuadas, reconociendo la contratación pública como una profesión en sí misma, proporcionando formación periódica y las oportunas titulaciones, estableciendo unas normas de integridad para los profesionales de la contratación pública y disponiendo de una unidad o equipo que analice la información en materia de contratación pública y realice un seguimiento del desempeño del sistema.

ii)   **Ofrecer a los profesionales de la contratación pública un sistema de carrera atractivo, competitivo y basado en el mérito**, estableciendo vías de acceso según méritos claros, brindando protección frente a las injerencias políticas en el procedimiento de contratación pública, y promoviendo en las esferas nacional e internacional las buenas prácticas para los sistemas de carrera profesional al objeto de mejorar el rendimiento de estos empleados.

iii)   **Fomentar la adopción de enfoques colaborativos con entidades como universidades, think tanks o centros políticos a fin de mejorar las capacidades y competencias del personal de contratación pública.** Deberá hacerse uso de la especialización y la experiencia pedagógica de estos centros del saber, en tanto en cuanto son herramientas valiosas que amplían los conocimientos en esta materia y establecen un canal bidireccional entre teoría y práctica capaz de impulsar la innovación en los sistemas de contratación pública.

Fuente: (OECD, 2015[12]).

Dar a conocer el sistema y desarrollar las capacidades de los proveedores para usarlo

Usar CompraNet para aumentar el valor de los fondos públicos significará involucrar a la comunidad empresarial. Con el fin de aumentar la participación de los proveedores en la contratación pública, así como la competencia, es necesario eliminar las barreras que reducen dicha participación, especialmente en el caso de las pequeñas y medianas empresas (PYMEs). Según la encuesta de la OCDE sobre contratación pública, los obstáculos para el uso de la contratación electrónica por parte de las empresas difieren de los que enfrentan las autoridades contratantes. En el caso de las empresas, los obstáculos son más diversos e incluyen limitaciones en los conocimientos y habilidades para usar las TIC, dificultades para interactuar con el sistema y comprender o aplicar los procedimientos necesarios.

Gráfica 2.7. Dificultades para el uso eficaz de los sistemas de contratación electrónica por parte de las empresas

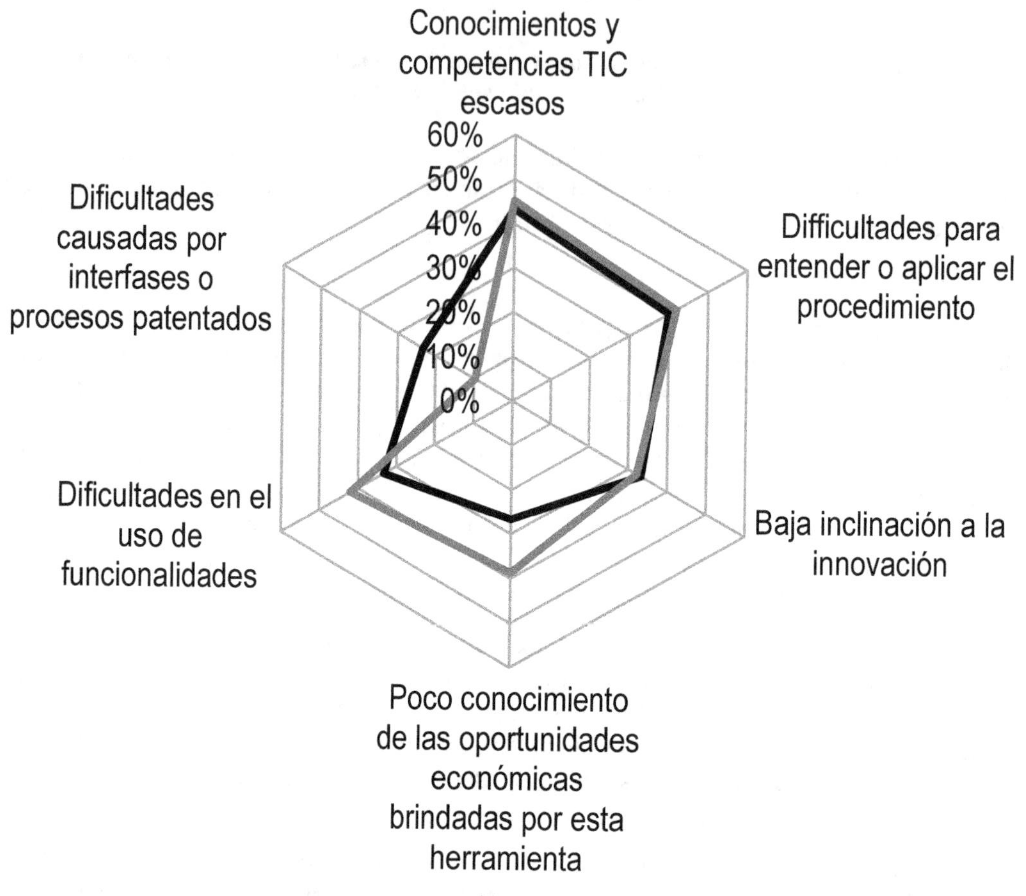

Fuente: (OECD, 2016[1]).

En promedio, se recibieron 4.3 propuestas por cada licitación abierta realizada en CompraNet de 2010 a la fecha. La SFP piensa aumentar este número para demostrar la inclusión y la competitividad de la contratación pública en México. Las empresas que no participan en las oportunidades de contratación pública pueden dividirse en dos grupos: las que tienen acceso al sistema y no participan en licitaciones públicas, y las que no tienen acceso o no conocen CompraNet.

Recuadro 2.11. Recomendación del Consejo de la OCDE sobre Contratación Pública – principio sobre acceso

IV. RECOMIENDA que los Adherentes hagan accesibles las oportunidades de concurrir a la contratación pública a los potenciales competidores sin importar su tamaño o volumen.

A tal fin, los Adherentes deberán: […]

ii) **Utilizar para las licitaciones una documentación clara e integrada, normalizada en lo posible y adecuada a las necesidades que se pretende cubrir,** con el fin de garantizar que:

1) cada licitación pública está diseñada de modo que fomente una amplia participación por parte de los potenciales competidores, incluidos los nuevos participantes y las pequeñas y medianas empresas. Esto exige ofrecer unas orientaciones claras para que las expectativas de los compradores estén debidamente informadas (incluidas las especificaciones, así como las condiciones contractuales y de pago), e igualmente ofrecer información vinculante sobre los criterios de evaluación y adjudicación y su ponderación (indicando si se basan únicamente en el precio, si incluyen elementos mixtos precio/calidad o si dan cabida a objetivos secundarios de política); y

2) el alcance y la complejidad de la información que se exige en la documentación de las licitaciones, así como el periodo que se concede a los proveedores para responder, son proporcionados al volumen y complejidad del futuro contrato, teniendo en cuenta, en su caso, circunstancias apremiantes como los concursos públicos de emergencia.

Fuente: (OECD, 2015[12]).

Durante las entrevistas, se sugirieron varias razones de la falta de participación de los proveedores ya registrados en CompraNet. Una fue su incapacidad para actuar en relación con las notificaciones de oportunidades de licitación. No queda claro el grado de eficacia del sistema de alerta para informar a los proveedores sobre las oportunidades de licitación en su área. Algunos actores sugirieron que muchas empresas solicitan notificaciones en una amplia gama de categorías, incluidas algunas ajenas a la industria en la que operan, y que el volumen de estas es demasiado grande para que las empresas identifiquen y aprovechen las oportunidades reales. Esto indica que a los proveedores registrados en CompraNet les convendría recibir capacitación continua sobre la manera de usar el sistema con eficacia y de comprender mejor cómo responder con éxito a las licitaciones gubernamentales. El problema también puede atribuirse a la aplicación del CUCOP, un sistema personalizado desarrollado en México para clasificar productos y servicios. Al hacer la transición a un estándar reconocido de manera más universal, la SFP puede atraer a proveedores internacionales mientras familiariza a las empresas mexicanas con un sistema que deberán usar al exportar a otros países.

Desde 2012, más de 14 000 proveedores han recibido capacitación presencial. Sin embargo, considerando la cantidad total de proveedores registrados en CompraNet (más de 215 000 en 2017, con un registro de más de 3 000 usuarios nuevos cada mes), estos esfuerzos de capacitación necesitan incrementarse, por ejemplo, para enseñar a los proveedores los aspectos importantes del sistema jurídico mexicano relacionados con la contratación pública. El uso de la capacitación en línea y los esfuerzos para crear conciencia sobre CompraNet pueden ayudar a formar a los proveedores fuera de los principales centros urbanos.

Según la SFP, en marzo de 2017, 78% de los contratos habían sido adjudicados a PYMEs, lo que representa 53.1% del valor total del contrato (un total de 893 762 millones de pesos desde 2010). De más de cinco millones de empresas registradas en México, más de 70% no lo están en CompraNet. Alrededor de un millón de empresas en México son informales, volátiles y posiblemente no participen en el sistema tributario del gobierno; esto deja aún a un grupo de más de tres millones de empresas a las que podría alentarse a participar en la contratación pública. Involucrar a estos proveedores, muchos de los cuales pueden ser PYMEs, significará eliminar los obstáculos a la participación, para garantizar que CompraNet sea accesible a proveedores de todos los tamaños en todo el país. La encuesta de contratación pública de la OCDE identificó diversos enfoques utilizados por los países miembros para alentar la participación de las PYMEs en la contratación pública (OECD, 2016[1]).

Gráfica 2.8. Enfoques adoptados en los países de la OCDE para apoyar el desarrollo de las PYMEs

Enfoque	Número de países de la OCDE
División del contrato en lotes	21
Documentación u orientación centrada en las PYMEs	20
Capacitación y talleres	17
Disposición o política legislativa específica	15
Procedimientos administrativos simplificados para las PYMEs	15
Unidad específica especializada en PYMEs	12

Fuente: (OECD, 2016[1]).

Otros mecanismos para mejorar la participación (y para fomentar que los proveedores perciban que el proceso de contratación pública es abierto y justo) incluyen asegurarse de que se brinde a los proveedores canales adecuados de retroalimentación y mecanismos para presentar quejas cuando hay problemas con un proceso de contratación pública. En la actualidad el proceso de quejas sobre la contratación pública se ubica fuera de CompraNet, como parte de un canal para recabar quejas generales sobre la conducta de los funcionarios públicos. No hay instrucciones específicas para presentar quejas relacionadas con la contratación pública en la página de la SFP y los campos contenidos en la forma de presentación de quejas no ofrecen opciones específicas o desplegables sobre contratación pública. Asimismo, se pide a quienes presentan las quejas que indiquen bajo qué ley federal desean hacerlo, lo cual exige que las empresas conozcan a fondo la legislación sobre contratación pública.

Con base en las quejas presentadas en ese sitio web, la SFP tiene una base de datos de quejas presentadas en contra de funcionarios públicos. De un total de 104 000 quejas, solo 2% están relacionadas con la contratación pública. Los bajos números podrían reflejar la falta de claridad alrededor del proceso de presentación de quejas, o una cultura opuesta a esta presentación. Esto se refuerza por el hecho de que México no emprendió investigaciones ni emitió sentencias relativas a los sobornos del extranjero entre 2009 y 2014 (Bolongaita, 2017[28]). Si el papel de CompraNet en la admisión de actos de denuncia aumenta, será más fácil identificar la corrupción e iniciar las investigaciones con mayor frecuencia. La falta de claridad respecto al proceso puede resolverse como parte de la sensibilización y la capacitación de los proveedores, y al incluir instrucciones sobre cómo presentar quejas relacionadas con la contratación pública como parte de las reiteraciones futuras del sistema CompraNet. Sin embargo, los grandes cambios culturales requieren tiempo y resultarán beneficiados por la apertura gubernamental para mejorar el proceso de contratación pública como respuesta a la retroalimentación de los proveedores.

Recuadro 2.12. Línea directa para denuncias en Austria

En marzo de 2013 el ministro de Justicia de Austria estableció una línea directa para denuncia en la página de la Oficina de la Fiscalía contra la Corrupción y Delitos de Cuello Blanco. En septiembre de 2013 se presentaron 590 notificaciones a través de la plataforma. Solo 53 de dichas notificaciones no fueron pertinentes.

El sitio web para denuncias del Ministerio Federal de Justicia facilita a los investigadores de la Oficina de la Fiscalía contra la Corrupción y Delitos de Cuello Blanco (*Zentrale Staatsanwaltschaft zur Verfolgung von Wirtschaftsstrafsachen und Korruption*, WKStA) el establecer contacto directo con los denunciantes para garantizar su anonimato. En ese caso el denunciante tiene derecho a decidir si le gustaría permanecer en el anonimato o identificarse ante los investigadores.

Fuente: (OECD, 2016[11]).

Aumentar la competencia en las actividades de contratación pública y al final conseguir mejoras en el valor por el dinero, requiere el compromiso de utilizar el sistema de contratación electrónica para ampliar la participación de los proveedores. Esto implica desarrollar las capacidades de los proveedores ya registrados en CompraNet, y entre las PYMEs, dar a conocer la existencia de CompraNet y su función en el proceso de contratación pública.

Estandarizar la documentación de contratación podría reducir el costo de la licitación e incrementar la competencia

Para las empresas, participar en licitaciones abiertas puede resultar costoso y complejo en un entorno en el que la autoridad contratante utiliza diferente documentación y tiene diferentes requisitos para cada licitación. Al estandarizar las prácticas de contratación pública en México, utilizando iniciativas centradas y no centradas en el sistema, los costos por transacción para los proveedores se reducirán y estos tendrán mayores probabilidades de participar en licitaciones gubernamentales.

Los Órganos Centrales de Compras (OCC) de todos los países de la OCDE utilizan una variedad de modelos para emprender la reforma de contratación pública. El sistema actual de México utiliza un enfoque descentralizado (similar al de Japón y Rusia), lo cual deja la mayor parte de la contratación pública directa en manos de cada autoridad contratante. La función de un OCC en este modelo suele ser alentar las mejoras en las prácticas de contratación pública, a menudo al identificar oportunidades para impulsar la estandarización y la colaboración entre las autoridades contratantes. La reforma de la contratación pública a menudo se emprende con el fin de realizar ahorros en costos y mejorar el panorama en el que cada entidad ha establecido sus procedimientos y procesos propios. La proliferación de procedimientos de contratación pública heterogéneos aumenta los costos de las transacciones e inhibe la participación de los proveedores y la competencia.

La perspectiva de las partes interesadas en México es que cada autoridad contratante usa aún su forma propia de documentación de contratación y cada una tiene diferentes requisitos para los proveedores. Esto aumenta el costo para los proveedores de participar en la contratación gubernamental, en particular restringiendo la capacidad de las organizaciones sin recursos importantes (como las PYMEs) a responder a licitaciones. La estandarización de los requisitos de información para los diferentes documentos utilizados en los procesos de contratación pública es beneficiosa para todos los usuarios. Esto puede lograrse publicando nuevos documentos estandarizados o ejecutando una medida y un acomodo estandarizados de los requisitos de información incluidos en cada tipo de documento (lo que permite a las entidades definir su propia redacción para los documentos). Uniformar los requisitos de documentación e información creará mayor eficiencia para los proveedores y los usuarios del gobierno. Este proceso debería emprenderse antes de la implementación de las normas de datos abiertos, de modo que los nuevos formatos de documentos puedan emplear campos comunes que permitan que los datos se extraigan y analicen con más facilidad. En este sentido, la interoperabilidad con otros sistemas se logrará sin problemas, lo que permitirá extraer datos y llenar de manera preliminar los campos de respuesta.

Con el fin de asegurar la estandarización general, pueden desarrollarse plantillas de documentos para diferentes pasos del proceso de contratación pública (por ejemplo, modelos de invitaciones, documentación de licitación y contratos). Los productos y servicios de gran consumo suelen ser objeto de actividades de estandarización en la contratación pública, dada la falta de especificaciones únicas y personalizadas. Desarrollar un enfoque común y especificaciones comunes para la compra de estos tipos de productos en todo el gobierno, incluso en áreas con requisitos de sostenibilidad, podría mejorar la interacción entre el gobierno y los proveedores de productos y servicios de uso común para la mayoría de las autoridades contratantes. Otras prácticas pueden ayudar a orientar la estandarización en la totalidad del sistema descentralizado, por ejemplo, detallar los procedimientos que pueden utilizarse para determinar la elegibilidad de un licitante y su capacidad para cumplir con un contrato específico, y estandarizar los límites de tiempo para cerciorarse de que los proveedores cuenten con tiempo suficiente para identificar y responder a oportunidades de contratación.

Recuadro 2.13. Contratos gubernamentales modelo en Nueva Zelanda

El Ministerio de Negocios, Innovación y Empleo de Nueva Zelanda (MNIE) desarrolló un conjunto de términos y condiciones estándar para los contratos que amparan compras gubernamentales rutinarias. Estas condiciones reciben el nombre de contratos gubernamentales modelo (CGMs).

El desarrollo y la implementación de los CGMs forman parte del Programa de Reforma de Contratación Gubernamental y fueron mandados por una Directiva del Gabinete que requiere que el MNIE "cree un conjunto de condiciones para los contratos de productos y servicios comunes estándar, sencillo y comprensible para ser utilizado por todos los departamentos de servicios públicos y servicios del Estado".

El CGM cubre productos y servicios comunes de bajo valor y bajo riesgo. Se formuló como el contrato gubernamental base. Queda a determinación de cada entidad determinar cuáles son estos productos y servicios. La definición es subjetiva y dependerá del tamaño de la entidad y de la magnitud y complejidad de su función de contratación pública.

Mediante el uso de CGMs en todos los servicios públicos y los servicios del Estado, el gobierno se propone:

- Proporcionar contratos sencillos y comprensibles que resulten fáciles de usar para las entidades y los proveedores por igual
- Proporcionar un balance más equitativo de riesgos entre el comprador y los proveedores
- Estandarizar el tratamiento del riesgo legal en contratos de bajo valor y bajo riesgo
- Reducir la necesidad de realizar negociaciones y de solicitar asesoría legal para compras de rutina
- Promover prácticas congruentes en todo el gobierno
- Promover la eficiencia del proceso en la contratación transaccional de bajo valor y gran volumen
- Facilitar el hacer negocios con el gobierno
- Apoyar una mejor práctica de contratación pública y ajustarla a la mejor práctica internacional

Esta medida provocó un aumento general en la satisfacción de los proveedores con las prácticas de contratación pública del gobierno, lo cual se asentó como parte de la Encuesta Anual de Negocios de Nueva Zelanda.

Fuente: (OECD, 2016[11]).

Es posible realizar modificaciones a CompraNet para ahondar en la estandarización de las prácticas de contratación pública para beneficio de los proveedores. Por ejemplo, herramientas como la función para la precalificación de propuestas pueden utilizarse para agilizar el proceso de contratación pública para proveedores. Estas herramientas pueden conservar, por cada proveedor, información como garantías bancarias, certificados de seguros, calificaciones profesionales y otra documentación que los proveedores deben proporcionar como parte de cada proceso de licitación. Esto evitaría que los proveedores tuvieran que entregar los mismos documentos repetidas veces. Sería posible ampliar una herramienta de precalificación para incluir requisitos pertinentes para ciertas industrias, como cualificación en ingeniería o afiliación a ciertas asociaciones, aunque para ello se necesitaría que las autoridades contratantes llegaran a un acuerdo sobre los requisitos estándar. Adaptar el actual Registro Único de Proveedores y Contratistas (RUPC) para cubrir esta necesidad es una opción que podría explorarse.

La aplicación de dichas tácticas para estandarizar los procesos y la documentación de licitación puede disminuir los obstáculos para los negocios y ayudar en el control y análisis de la actividad de contratación pública. Estos cambios ofrecen una oportunidad para lograr otras mejoras, ya que la contratación electrónica se convierte en un sistema totalmente integrado y de punta a punta para recabar información de contratación pública en un formato abierto y extraíble.

Nota

[2] Desde 2009, el Compendio de Buenas Prácticas de Integridad en Compras Públicas de la OCDE ha invitado a los testigos sociales a participar en todas las etapas de los procedimientos de licitación abierta por arriba de ciertos límites monetarios, como una forma de promover la vigilancia pública. A partir de 2017, los límites fueron de 400.2 millones de pesos (cerca de 18.6 millones de euros) para productos, arrendamientos y servicios, y de 800.4 millones de pesos (cerca de 37.2 millones de euros) para obras públicas y servicios relacionados.

Los "testigos sociales" son organizaciones no gubernamentales y personas seleccionadas por la Secretaría de la Función Pública (SFP). La SFP señala que "la vigilancia de los procesos de contratación pública más importantes del gobierno federal por testigos sociales ha influido en la mejora de los procedimientos de contratación pública en virtud de sus contribuciones y su experiencia, al punto en que se han convertido en un elemento estratégico para garantizar la transparencia y la credibilidad del sistema de contratación pública" (OECD, 2015[29]).

Referencias

Animal Politico (2017), *La Estafa Maestra: Graduados en desaparecer dinero público*, http://www.animalpolitico.com/estafa-maestra/ (consultado el 08 de septiembre de 2017). [27]

Asian Development Bank (2013), *e-Government Procurement Handbook*, https://www.adb.org/sites/default/files/institutional-document/34064/files/e-government-procurement-handbook.pdf (consultado el 20 de noviembre de 2017). [2]

Bolongaita, E. (2017), *Mandate without means: Strengthening the OECD Anti-Bribery Convention*, Carnegie Mellon University, Australia, https://www.oecd.org/cleangovbiz/Integrity-Forum-2017-Bolongaita-oecd-anti-bribery-convention.pdf (consultado el 18 de septiembre de 2017). [28]

Cejudo, G. (2012), *Evidence for Change: The Case of Subsidios al Campo in Mexico*, https://www.internationalbudget.org/wp-content/uploads/LP-case-study-Fundar.pdf (consultado el 20 de noviembre de 2017). [15]

Coordinación de Estrategia Digital Nacional (National Digital Strategy Coordination) (2017), *Datos abiertos en la agenda anticorrupción*, https://datos.gob.mx/blog/datos-abiertos-en-la-agenda-anticorrupcion?category=proyectos&tag=%20finanzas-y-contrataciones (consultado el 22 de noviembre de 2017). [17]

Deloitte (2017), "Growth: the cost and digital imperative The Deloitte Global Chief Procurement Officer Survey 2017", http://www.deloitte.co.uk/cposurvey2017 (consultado el 08 de septiembre de 2017). [24]

EBRD; UNCITRAL (2015), *Are you ready for eProcurement?*, European Bank for Reconstruction and Development; United Nations Commission on International Trade Law, https://www.ppi-ebrd-uncitral.com/index.php/en/component/content/article/427-ebrd-is-launching-a-guide-to-eprocurement-reform-are-you-ready-for-eprocurement (consultado el 14 de septiembre de 2017). [3]

El Financiero (2017), *Gobierno prepara programa para encontrar 'fantasmas' en licitaciones*, http://www.elfinanciero.com.mx/economia/gobierno-prepara-programa-para-encontrar-fantasmas-en-licitaciones.html (consultado el 08 de septiembre de 2017). [10]

Handfield, R., J. Yacura and B. Soundararajan (2017), "How Governance of Data and Technology Drive the Intelligence Spectrum in Supply Chain and Procurement", https://cdn2.hubspot.net/hubfs/514030/1_Amer_BravoSolution/AMER_2017/2017_Whitepapers/15.%20DataGovernanceReport/2017_WP_DataGovernanceProcurement_EN_US.pdf (consultado el 08 de septiembre de 2017). [26]

Heggstad, K. and M. Frøystad (2011), *The basics of integrity in procurement*, http://www.u4.no/publications/the-basics-of-integrity-in-procurement (consultado el 13 de septiembre de 2017). [19]

Howson, C. (2010), *Ease of Use and Interface Appeal in Business Intelligence Tools*, March 22, http://www.beyeresearch.com/study/13006 (consultado el 07 de septiembre de 2017). [25]

OECD (2010), "Collusion and Corruption in Public Procurement", https://www.oecd.org/competition/cartels/46235884.pdf (consultado el 18 de septiembre de 2017). [20]

OECD (2011), "Competition and Procurement", http://www.oecd.org/daf/competition/sectors/48315205.pdf (consultado el 13 de septiembre de 2017). [18]

OECD (2011), *E-procurement, Brief 17*, SIGMA-OECD. [4]

OECD (2014), "Recommendation of the Council on Digital Government Strategies", [9]
http://www.oecd.org/gov/digital-government/Recommendation-digital-government-strategies.pdf (consultado el 14 de septiembre de 2017).

OECD (2015), "Effective Delivery of Large Infrastructure Projects: The Case of the New [8]
International Airport for Mexico City".

OECD (2015), "OCDE Recomendación del consejo sobre contratación pública", [12]
http://www.oecd.org/gov/ethics/OCDE-Recomendacion-sobre-Contratacion-Publica-ES.pdf
(consultado el 14 de septiembre de 2017).

OECD (2015), "Compendium of Good Practices for Integrity in Public Procurement: Meeting of [29]
the Leading Practitioners in Procurement".

OECD (2016), *2016 OECD Survey on Public Procurement.* [1]

OECD (2016), "The Korean Public Procurement Service Innovating for Effectiveness", [7]
http://www.oecd-ilibrary.org/docserver/download/4215251e.pdf?expires=1505401890&id=id&accname=ocid84004878&checksum=335B2E0D525A850CD687D7FC819A97D7
(consultado el 14 de septiembre de 2017).

OECD (2016), "Towards Efficient Public Procurement in Colombia: Making the Difference", [11]
http://dx.doi.org/10.1787/9789264252103-en.

OECD (2016), "Putting an End to Corruption", Vol. 3/33, [13]
https://www.oecd.org/corruption/putting-an-end-to-corruption.pdf
(consultado el 26 de septiembre de 2017), pp. 23-45.

OECD (2017), "Development and implementation of a national e-procurement strategy for the [5]
Slovak Republic", http://www.oecd.org/governance/procurement/toolbox/search/slovakia-e-procurement-strategy.pdf (consultado el 18 de septiembre de 2017).

Open Contracting Partnership (2017), *Open Contracting Partnership Showcase Projects -* [21]
Ukraine, https://www.open-contracting.org/why-open-contracting/showcase-projects/ukraine/
(consultado el 07 de septiembre de 2017).

Open Contracting Partnership (2017), *The Open Contracting Journey: Step-by-Step,* [22]
https://www.open-contracting.org/wp-content/uploads/2017/01/7-steps-guidance.pdf
(consultado el 07 de septiembre de 2017).

PwC; Ecorys (2013), "Identifying and Reducing Corruption in Public Procurement in the EU", [23]
https://ec.europa.eu/anti-fraud/sites/antifraud/files/docs/body/identifying_reducing_corruption_in_public_procurement_en.pdf (consultado el 13 de septiembre de 2017).

Shkabatur, J. (2012), "Transparency with(out) accountability: Open government in the United [14]
States", *Yale Law & Policy Review*, Vol. 31/1, http://www.jstor.org/stable/23735771, pp. 79-140.

Subsidios al Campo (2017), *About this project,* http://subsidiosalcampo.org.mx/acerca-de/sobre-este-proyecto/. [16]

United Nations (2006), *UN Procurement Practitioner's Handbook,* [6]
https://www.ungm.org/Areas/Public/pph/ch04s02.html
(consultado el 14 de septiembre de 2017).

Capítulo 3. Una Hoja de Ruta para la mejora multifacética de CompraNet, desde el cumplimiento hasta la integración

La Hoja de Ruta desarrollada por la OCDE es producto de las recomendaciones de los Subgrupos bajo la guía de la Secretaría de la Función Pública (SFP), coordinada y simplificada por la OCDE con base en las mejores prácticas internacionales. En este capítulo se brinda orientación adicional para apoyar la implementación de la Hoja de Ruta, tomando en cuenta las muchas consideraciones alrededor de la ejecución de un programa de esta complejidad. Este capítulo describe el curso de las acciones propuestas en la Hoja de Ruta y evalúa cada acción sobre la base de las otras dimensiones afectadas, incluyendo las consideraciones tecnológicas, legales, procesales y de gobernanza. Esto refuerza la necesidad de aplicar un enfoque integral a la implementación que tome en cuenta las implicaciones no tecnológicas de cada cambio en el sistema electrónico de contratación pública.

Un programa integral de trabajo para la puesta en marcha escalonada de la Hoja de ruta de CompraNet

Un despliegue multifacético establecerá los componentes básicos para etapas posteriores

En proyectos previos de mejora a sistemas electrónicos de contratación pública, la OCDE ha privilegiado un enfoque escalonado de implementación. Esto es común en proyectos grandes y transformadores, ya que permite realizar labores más estrechas de supervisión y control. También, reduce el impacto del cambio sobre los usuarios del sistema y de otras partes interesadas, y permite que se lleven a cabo modificaciones en los planes y el método de implementación como respuesta a los avances en los entornos político o tecnológico (OECD, 2017[1]).

La guía proporcionada por muchos bancos de desarrollo sobre la puesta en marcha de sistemas nacionales de contratación electrónica sugiere que lo aconsejable es un método de reforma gradual de contratación electrónica, sobre todo en países que han cimentado su desarrollado sobre la base de adelantos constantes en la definición de políticas de contratación electrónica gubernamental, reformas legales sucesivas y, en general, el uso de procesos acumulativos (Procurement Harmonization Project of the Asian Development Bank, 2004[2]). En este estudio se propone un enfoque gradual que divida la implementación en las siguientes cuatro etapas:

1. *Preparación:* Se trata de una etapa definitiva para el éxito de la contratación electrónica gubernamental. Implica tres prerrequisitos básicos para su inicio: qué (visión), quién (marco institucional y liderazgo), y cómo (plan de acción).
2. *Licitación:* El objetivo de esta etapa es realizar procesos de licitación en menos tiempo, a un menor costo tanto para los proveedores como para el gobierno, con transparencia y con un alto impacto en el desarrollo.
3. *Gestión de contratos:* Esta etapa implica desarrollar la capacidad de operar en línea —y por tanto a menor costo y con gran transparencia—, actividades de gestión de contratos como la supervisión de la entrega parcial y final de productos, servicios y obras, gestión de pagos intermedios y finales y modificaciones o ajustes de contratos.
4. *Compra:* El objetivo de esta etapa es desarrollar un sistema transaccional en el cual los proveedores pueden —de manera directa— ofrecer sus productos y servicios y se permita a las entidades públicas elegir la mejor opción de compra entre las propuestas presentadas en línea, gestionar el suministro y recepción de productos, actualizar inventarios, y solicitar y procesar el pago.

La Hoja de ruta para CompraNet se desarrolló tomando estos factores en cuenta, así como el contexto específico de México, el estado actual del sistema CompraNet y las enseñanzas adquiridas en otros estudios de la OCDE sobre instituciones mexicanas. Las mejoras se dividen en áreas correspondientes al ámbito de los Subgrupos. Sin embargo, algunas recomendaciones se han modificado o combinado con otras para elaborar una Hoja de ruta unificada para el sistema.

- *Etapa 1 – Sistema Orientado al Cumplimiento:* La primera etapa se desarrollará hasta noviembre de 2018, lo cual no deja suficiente tiempo para implementar cambios operativos significativos. Más bien, el propósito central de esta primera etapa es aumentar el cumplimiento de las personas con el sistema (por ejemplo, asegurar que los funcionarios carguen información completa y oportuna y administren un programa de auditoría permanente sobre la información cargada). También se centrará en promover el sistema con los proveedores y desarrollar cambios operativos que resuelvan algunos de los retos más perentorios del sistema, esto es, reducir las oportunidades de actos de corrupción (por ejemplo, aportando datos para focalizar las auditorías sobre contratación pública y establecer mecanismos para permitir que los denunciantes presenten información de ser necesario).

- *Etapa 2 – Sistema Amigable con Datos Abiertos:* La segunda etapa, la cual abarcará un periodo de tres años a partir del final de la Etapa 1 (2018-2020), implica una transición a un sistema de datos abiertos que cambia la manera como se ingresan los datos al sistema. El objetivo es salvaguardar la integridad de la información contenida en el sistema y permitir a las partes interesadas utilizar los datos con mayor facilidad.

- *Etapa 3 – Sistema Integrado Totalmente Transaccional:* La tercera etapa, que comenzará al terminar la Etapa 2 (2020-2027), representará la transición a un sistema totalmente transaccional. Se enlazará con las plataformas de la autoridad contratante y permitirá supervisar todo el ciclo de contratación pública.

Es posible usar múltiples palancas para implementar cambios al sistema CompraNet y a todo el sistema de contratación pública

Cambiar la manera como operan los profesionales de contratación pública, en particular al utilizar un sistema electrónico de contratación, no necesariamente requiere una reforma legislativa. Se pueden utilizar varias palancas distintas, cada una con niveles diferentes de flexibilidad. Es posible instituir muchos cambios operativos en el sistema sin necesidad de promulgar nuevas leyes.

De las palancas disponibles para las autoridades de contratación pública o las unidades centrales de compras (UCC) para impulsar la reforma de contratación pública, la legislación es la opción menos flexible, aunque se suele utilizar para la implementación. En un informe de la Oficina Nacional de Auditoría del Reino Unido se establece que la regulación "puede también crear costos para las empresas, el tercer sector y el sector público. De sobre utilizarse, o diseñarse e implementarse de manera deficiente, puede frenar la competitividad y el crecimiento" (National Audit Office, 2014[3]). Cuando se utilizan regulaciones es posible emplear herramientas como el análisis de impacto regulatorio (RIA) y la consulta para medir los probables beneficios, costos y efectos de la nueva regulación y examinar los cambios a los actuales (OECD, 2005[4]).

Gráfica 3.1. Palancas de contratación pública por nivel de flexibilidad

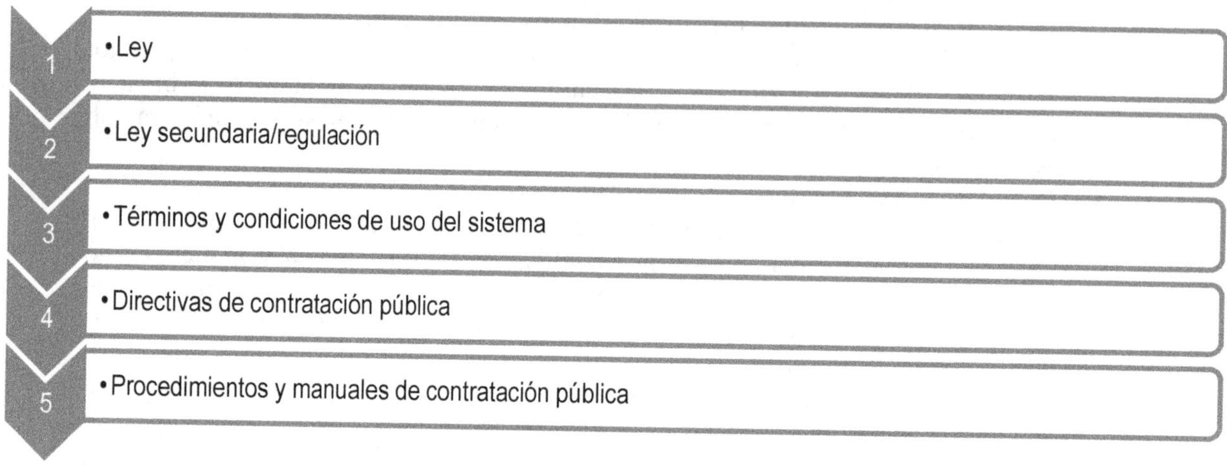

Fuente: Cortesía de G. Burr; *Chile Compra.*

Por otra parte, además del análisis de impacto realizado antes de legislar, es necesario evaluar las leyes y regulaciones existentes mediante el análisis de impacto *ex post*, con el fin de garantizar su eficacia y eficiencia. La carga general de cumplir con las regulaciones tiende a aumentar con el tiempo, lo que complica la vida diaria de los ciudadanos e impide la operación eficiente de las empresas. La evaluación *ex post* puede ser la etapa final del ciclo de política regulatoria, al ponderar el grado en el cual las regulaciones cumplen los objetivos para los cuales se les diseñó. También puede ser el punto inicial para entender el impacto, las deficiencias y las ventajas de una política o regulación, así como para brindar retroalimentación para la formulación de nuevas regulaciones. Este proceso podría ser un ejercicio positivo para llevar a cabo previo al próximo estudio sobre la legislación mexicana en contratación pública (OECD, 2014[5]).

Ponderar la opción de compra de tecnología que ofrezca la mejor solución a largo plazo

Es importante hacer notar que la Hoja de ruta no pretende determinar en qué momento debería (o si debería) migrarse a CompraNet a una nueva plataforma, y si la plataforma debería desarrollarse de manera interna o externa o comprar un sistema ya disponible comercialmente. Esta decisión requerirá analizar el costo de cada opción y la capacidad de mejorar la plataforma actual en línea con las recomendaciones contenidas en la Hoja de ruta.

De acuerdo con el informe Magic Quadrant eSourcing de Gartner de 2015, en el cual se evalúan las tendencias de los proveedores en el mercado de la contratación electrónica, 81% de las organizaciones que contribuyeron al informe emplean el software multiusuario Software as a Service (SaaS) (un software único que se ejecuta en un servidor y sirve a múltiples usuarios). Catorce por ciento utiliza un sistema almacenado en una nube privada y el 5% restante cuentan con su propia instalación la cual es autónoma y se ubica en sus sedes (Gartner, 2015[6]). Ello demuestra hasta qué punto el SaaS es el sistema predominante entre las organizaciones que eligen aplicaciones de contratación electrónica.

Cada forma tiene diferentes ventajas y desventajas, según el contexto y los requisitos de la organización. Un análisis costo-beneficio minucioso tendrá que considerar todas las posibles opciones de uso.

Un programa diverso de trabajo requerirá personas con competencias especializadas

Hasta la fecha, el proyecto CompraNet ha demostrado su compromiso para establecer una gobernanza eficaz que implique a múltiples partes interesadas. Este enfoque deberá continuar, para asegurar que el proyecto tenga una dirección y una supervisión adecuadas. Sin embargo, considerando la multitud de cambios (en términos de conducta, cultura, procesos, funciones, etc.) que un sistema nuevo o muy modificado traería consigo, el equipo conformado para elaborar la Hoja de Ruta de CompraNet tendría que considerar estructurar la entrega dentro de una estructura de "programa" más que de "proyecto".

La Hoja de ruta requiere diversas etapas, algunas de las cuales implican actividades externas a CompraNet (por ejemplo, establecer programas de formación para proveedores y elaborar modelos de documentos de licitación). Según el método de gestión de proyectos diseñado por el gobierno del Reino Unido, PRINCE2, un proyecto representa una sola iniciativa, en tanto que un programa es una colección de proyectos que forma un paquete coherente de trabajo.

Para alcanzar el éxito, el programa requerirá la participación de varias funciones distintas en diversas áreas de especialización. Por ejemplo, un cambio importante del sistema, como la implementación de una norma de reconocimiento universal para la clasificación de bienes y servicios, probablemente tendrá implicaciones en los aspectos legales, de recursos humanos y de procesos. Esto tendrá que ser gestionado con cuidado por personas con los conocimientos expertos requeridos, incluso expertos en gestionar el cambio en las organizaciones.

Varias actividades requerirán una ejecución continua, tanto durante como después del programa. Por ejemplo, las iniciativas para el desarrollo de capacidades se tendrán que ejecutar y modificar de manera continua, según el estado del sistema. Con cada cambio realizado al sistema o a los procesos, se precisará actualizar los manuales y los módulos de formación y orientación sobre el sistema. Dada la importancia de la capacidad de los usuarios para trabajar con el sistema, un programa continuo de formación para el sistema es una inversión valiosa.

Gráfica 3.2. CompraNet Hoja de ruta

	Corto plazo (a noviembre 2018)	Mediano plazo (hasta 3 años)	Largo plazo (hasta 10 años)
	Etapa 1: Sistema orientado al crecimiento	**Etapa 2: Sistema Amigable de Datos Abiertos**	**Etapa 3: Sistema Integrado Totalmente Transaccional**
Divulgación de información	Consultar a las partes interesadas sobre sus necesidades de información; Estrategia de gestión de datos	Estándares de datos abiertos; Convenciones sobre asignación de nombres y estándares de referenciación	Reducir los campos de datos abiertos; Excepciones del artículo 1 dentro del sistema; Interfaz fácil de usar
Interacción con proveedores	Ampliar la formación para mejorar el conocimiento de los procesos y la funcionalidad del sistema por parte de los proveedores; Identificar obstáculos para la participación de los proveedores	Documentos de licitación estandarizados para productos y servicios comunes; Ampliación del registro de proveedores para incluir información previa a la calificación	Transición al estándar de mejores prácticas para clasificar productos, servicios y obras públicas; Estandarización del formato y los requisitos de documentación electrónica
Competencia y desarrollo de capacidad	Capacidades del practicante de contratación pública; Identificar las reformas legales requeridas; Servicios de apoyo para usuarios del sistema; Método de auditoría desarrollado por los Órganos Internos de Control para minimizar excepciones	Promover un programa de reforma incluyente; Módulo de gestión de contratos; Divulgación del documento de excepción de licitaciones abiertas	
Eficiencia y eficacia	Desarrollo de un método de monitoreo y control; Garantizar el respeto general de la legislación; Investigaciones de auditoría focalizadas	Metodologías de medición de ahorros; Integración con sistemas de gobierno electrónico; Habilitación de la firma electrónica	Cobertura de punta a punta del ciclo de contratación pública
Procesamiento de las quejas	Promoción de la presentación de denuncias	Mecanismos para presentación de quejas	
Integridad y confianza en la herramienta	Garantizar el cumplimiento de los procesos de carga de documentos; Información completa y confiable	Clasificación de la información sobre licitaciones; Habilitar el seguimiento block-chain (en cadena de bloques) de decisiones y documentos; Módulo de evaluación de licitaciones	

Acciones de la Hoja de ruta

Las acciones descritas en la Hoja de ruta de la Gráfica 3.2 toman en cuenta la evaluación de la situación actual, las actividades futuras de la SFP relativas a la modificación del sistema CompraNet y el marco para la implementación de los sistemas de contratación electrónica. El Cuadro 3.1 con Acciones de la Hoja de ruta muestra el marco de tiempo que la Hoja de ruta sugiere para la implementación, una descripción de cada iniciativa y un título corto como fácil referencia. Obsérvese que las acciones están alineadas con los títulos de los Subgrupos. Sin embargo, es posible que algunas de las recomendaciones planteadas por múltiples Subgrupos se hayan consolidado en una acción. Algunas acciones pueden haberse modificado o eliminado, dependiendo de las recomendaciones incluidas en este informe con base en las mejores prácticas internacionales. Las recomendaciones se enlistan siguiendo un orden cronológico acorde con la alineación de cada Subgrupo y con el plazo de implementación propuesto.

Cada acción se evalúa frente a cuatro "dimensiones", las cuales consideran los tipos de cambios necesarios para implementar la acción. Las cuatro dimensiones son las siguientes: **"*Tec*"** (Tecnología), **"*Proceso*"** (Procesos), **"*Legal*"** (Legislación y Regulaciones) y **"*Gob*"** (Gobernanza, Estructura y Personas).

Cuadro 3.1. Acciones de la Hoja de ruta

ID	Título	Recomendación	Alineación del Subgrupo	Dimensiones				Marco de tiempo
				Tec	Proceso	Legal	Gob	
1	Consultar a las partes interesadas sobre sus necesidades de información	Consultar a los grupos interesados sobre sus diferentes necesidades de información; estas deben comprenderse para diseñar herramientas eficaces de búsqueda y análisis, y para garantizar que las bases de datos estén debidamente estructuradas.	Publicación de información				◆	Corto
2	Estrategia de gestión de datos	Desarrollar una estrategia de gestión de datos para el sistema de contratación electrónica, comprobando que la información sea exhaustiva, de fácil acceso y que pueda utilizarse con eficacia por las partes interesadas.	Publicación de información	◆	◆		◆	Corto
3	Estándares de datos abiertos	Poner en marcha prácticas de datos abiertos para normalizar los datos de contratación pública y mejorar los mecanismos de rendición de cuentas.	Publicación de información	◆	◆	◆	◆	Mediano
4	Convenciones sobre asignación de nombres y estándares de referenciación	Imponer el uso de convenciones y estándares de referenciación acordados para aprovechar la calidad y la posibilidad de efectuar búsquedas de datos en el sistema.	Publicación de información	◆	◆		◆	Mediano
5	Reducir los campos de datos abiertos	Reducir el número de campos de datos abiertos, para minimizar la posibilidad de ingresar datos que pongan en riesgo la posibilidad de efectuar búsquedas y la estandarización.	Publicación de información	◆	◆			Largo
6	Interfaz fácil de usar	Diseñar una interfaz fácil de usar para acceder a los datos y analizarlos, y brindar una formación adecuada para su uso. Apuntar a garantizar que la facilidad de uso del sistema es una característica clave.	Publicación de información	◆	◆		◆	Largo
7	Excepciones del artículo 1 dentro del sistema	Habilitar mecanismos para permitir a las autoridades contratantes el uso del sistema de contratación electrónica para las llamadas excepciones del artículo 1.	Publicación de información	◆	◆	◆	◆	Largo
8	Identificar obstáculos para la participación de los proveedores	Preparar un plan de trabajo para identificar, con los proveedores, los obstáculos para la participación de los proveedores dentro de la herramienta CompraNet, con énfasis especial en las pequeñas y medianas empresas (PYMEs).	Interacción con proveedores	◆	◆	◆	◆	Corto
9	Ampliar la formación para mejorar el conocimiento de los procesos y la funcionalidad del sistema por parte de los proveedores	Emprender actividades para mejorar y ampliar la formación en el sistema para proveedores con el fin de mejorar sus conocimientos de los procesos y la funcionalidad del sistema	Interacción con proveedores	◆	◆		◆	Corto

ID	Título	Recomendación	Alineación del Subgrupo	Dimensiones				Marco de tiempo
				Tec	Proceso	Legal	Gob	
10	Ampliación del registro de proveedores para incluir información previa a la calificación	Ampliar el actual registro de proveedores para incluir información adicional, como garantías bancarias, certificados de seguros, cualificaciones profesionales y otros documentos solicitados a los proveedores durante cada proceso de licitación.	Interacción con proveedores	♦	♦		♦	Mediano
11	Documentos de licitación estandarizados para productos y servicios comunes	Comunicar sobre documentos estandarizados dentro del sistema para la contratación de productos y servicios de uso común	Interacción con proveedores		♦		♦	Mediano
12	Estandarización del formato y los requisitos de documentación electrónica	Habilitar la estandarización y la simplificación de los documentos para los practicantes de la contratación pública en todo el gobierno, incluyendo términos de los contratos, especificaciones generales y requerimientos de presentación de informes.	Interacción con proveedores	♦	♦	♦	♦	Largo
13	Transición al estándar de mejores prácticas para clasificar productos, servicios y obras públicas	Implementar cambios en la clasificación para que los productos y servicios se clasifiquen siguiendo un estándar de mejores prácticas; asegurar que los funcionarios de contratación apliquen y utilicen el régimen con eficacia.	Interacción con proveedores	♦	♦		♦	Largo
14	Capacidades del practicante de contratación pública	Desarrollar procedimientos de formación para aumentar las capacidades de contratación electrónica de los trabajadores de contratación federal de México.	Competencia y desarrollo de capacidades	♦	♦		♦	Corto
15	Identificar las reformas legales requeridas	Identificar las reformas legales requeridas para atender las recomendaciones para la mejora y la ampliación de CompraNet.	Competencia y desarrollo de capacidades		♦	♦		Corto
16	Servicios de apoyo para usuarios del sistema	Proporcionar a los usuarios de la plataforma apoyo para maximizar los beneficios del sistema mediante la formación y la orientación (sustentadas por los servicios de mesa de ayuda), incluyendo el promover el uso de los servicios de mesa de ayuda con quienes no usan el servicio en la actualidad.	Competencia y desarrollo de capacidades	♦	♦		♦	Corto
17	Método de auditoría desarrollado por los Órganos Internos de Control para minimizar excepciones	Órganos Internos de Control para asegurar que siempre se utilice CompraNet, excepto en el caso de las excepciones válidas.	Competencia y desarrollo de capacidades	♦			♦	Corto
18	Promover un programa de reforma incluyente	Promover un programa incluyente y multifacético que se ajuste a otros aspectos de la reforma de contratación pública (como los entornos legal y de política o el entorno del sector privado).	Competencia y desarrollo de capacidades	♦	♦	♦	♦	Mediano

ID	Título	Recomendación	Alineación del Subgrupo	Dimensiones				Marco de tiempo
				Tec	Proceso	Legal	Gob	
19	Módulo de gestión de contratos	Desarrollar la capacidad de gestión de contratos al establecer herramientas centralizadas, como un módulo de gestión de contratos.	Competencia y desarrollo de capacidades	♦	♦	♦	♦	Mediano
20	Divulgación del documento de excepción de licitaciones abiertas	Establecer mecanismos para divulgar toda la información pública con el fin de apoyar la solicitud por parte de una autoridad de contratación de una excepción a un proceso abierto de licitación.	Competencia y desarrollo de capacidades	♦	♦		♦	Mediano
21	Desarrollo de un método de monitoreo y control	Desarrollar un mecanismo de monitoreo y control para verificar que los usuarios estén empleando el sistema adecuadamente.	Eficiencia y eficacia		♦		♦	Corto
22	Garantizar el respeto general de la legislación	Una iniciativa para estimular observancia sistematizada y transparente de la legislación sobre contratación, como en la selección de los procedimientos de contratación y el uso de excepciones a las licitaciones. La SFP podría incluir la actualización de las directrices del sistema CompraNet actual para abordar los cambios derivados de este estudio.	Eficiencia y eficacia		♦	♦	♦	Corto
23	Investigaciones de auditoría focalizadas	Diseñar estándares de información para que las autoridades de auditoría realicen investigaciones de auditoría focalizadas, y no aleatorias.	Eficiencia y eficacia	♦	♦		♦	Corto
24	Metodologías de medición de ahorros	Implementar metodologías de medición de ahorros relacionadas con la cantidad de tiempo ahorrado gracias al aumento en la eficiencia y a la cantidad de fondos públicos y privados ahorrados.	Eficiencia y eficacia	♦	♦		♦	Mediano
25	Habilitación de la firma electrónica	Aplicar la funcionalidad de la firma electrónica para poder ingresar los contratos en el sistema en formato de datos abiertos, eliminando la necesidad de enviar el formato PDF escaneado.	Eficiencia y eficacia	♦	♦	♦	♦	Mediano
26	Integración con sistemas de gobierno electrónico	Promover la integración del sistema con otras tecnologías de gobierno electrónico, como los sistemas de gestión de finanzas públicas, elaboración de presupuestos y prestación de servicios, lo que generará un mejor uso de los recursos públicos a través de una mejor transmisión de información, la automatización y una mayor rendición de cuentas.	Eficiencia y eficacia	♦	♦	♦	♦	Mediano
27	Cobertura de punta a punta del ciclo de contratación pública	Aprovechar las oportunidades de aumentar la eficiencia al ampliar el sistema de contratación electrónica para cubrir todo el ciclo de contratación pública, incluso la entrega de pedidos y la facturación.	Eficiencia y eficacia	♦	♦	♦	♦	Largo
28	Promoción de la presentación de denuncias	Establecer mecanismos para facilitar la presentación de denuncias.	Procesamiento de quejas	♦	♦		♦	Corto

ID	Título	Recomendación	Alineación del Subgrupo	Dimensiones				Marco de tiempo
				Tec	Proceso	Legal	Gob	
29	Mecanismos para presentación de quejas	Desarrollar canales adecuados de retroalimentación y mecanismos de presentación de quejas adecuados, incluyendo instrucciones específicas para presentar quejas relacionadas con la contratación pública en el sitio web de la SFP. Proporcionar opciones específicas o menús desplegables relacionados con la contratación pública, y eliminar los requisitos para usuarios con el fin de indicar de conformidad con qué ley federal desean plantear su denuncia.	Procesamiento de quejas	♦	♦		♦	Mediano
30	Garantizar el cumplimiento de los procesos de carga de documentos	Garantizar el cumplimiento de los procesos de carga de documentos al incrementar la capacidad de los usuarios y estimular el cumplimiento.	Integridad y confianza en la herramienta	♦	♦	♦	♦	Corto
31	Información completa y confiable	Implementar cambios al sistema para promover la confiabilidad de los datos contenidos en el sistema. Dichos cambios pueden incluir añadir controles y requerir la presentación de información completa e inalterable.	Integridad y confianza en la herramienta	♦	♦		♦	Corto
32	Clasificación de la información sobre licitaciones	Desarrollar un acuerdo para clasificar la información de licitaciones como disponible al público o disponible solo para entidades de control.	Integridad y confianza en la herramienta	♦	♦	♦	♦	Mediano
33	Habilitar el seguimiento block-chain (en cadena de bloques) de decisiones y documentos	Diseñar mecanismos para permitir la plena rastreabilidad de las decisiones y la documentación por medio de procesos de contratación pública.	Integridad y confianza en la herramienta	♦	♦		♦	Mediano
34	Módulo de evaluación de licitaciones	Desarrollar un módulo de evaluación que pueda realizar evaluaciones automatizadas en comparación con criterios establecidos y con ponderadores para procesos de licitación adecuados (y al mismo tiempo facilitar procesos de evaluación más subjetivos).	Integridad y confianza en la herramienta	♦	♦		♦	Mediano

Fuente: Elaborado por el Secretariado de la OCDE.

Referencias

Gartner (2015), *Magic Quadrant for Strategic Sourcing Application Suites*, https://www.gartner.com/doc/2977817?ref=SiteSearch&sthkw=magic%20quadrant%202015%20eSourcing&fnl=search&srcId=1-3478922254 (consultado el 14 de septiembre de 2017). [6]

National Audit Office (2014), "Using alternatives to regulation to achieve policy objectives", http://www.nao.org.uk (consultado el 14 de septiembre de 2017). [3]

OECD (2005), "Modernising Government - The Way Forward", http://www.oecd-ilibrary.org/docserver/download/4205131e.pdf?expires=1505400004&id=id&accname=ocid84004878&checksum=C264781D51914267049D3BFE9AB9598A (consultado el 14 de septiembre de 2017). [4]

OECD (2014), "Government at a glance: Ex post evaluation of regulation", http://www.oecd-ilibrary.org/docserver/download/4215081ec040.pdf?expires=1505750256&id=id&accname=guest&checksum=35C761A82513332E76ECE50303721E86 (consultado el 18 de septiembre de 2017). [5]

OECD (2017), "Development and implementation of a national e-procurement strategy for the Slovak Republic", http://oecdshare.oecd.org/gov/sites/govshare/psi/PProcurement/Slovakia%20EU%20Project%2020162017/Final%20Deliverables/slovakia-e-procurement-strategy.pdf (consultado el 18 de septiembre de 2017). [1]

Procurement Harmonization Project of the Asian Development Bank, T. (2004), "Electronic Government Procurement Roadmap", http://siteresources.worldbank.org/INFORMATIONANDCOMMUNICATIONANDTECHNOLOGIES/Resources/eGPRoadMap.pdf (consultado el 14 de septiembre de 2017). [2]

Anexo A. "Visión" del Sistema

Los miembros de los Subgrupos propusieron desarrollar una declaratoria de visión compartida para el sistema electrónico de contrataciones públicas de México (CompraNet). Los Subgrupos encabezaron la iniciativa para preparar un documento que pudiera servir de guía sobre la situación de CompraNet en el futuro, presentando una lista de objetivos estratégicos por alcanzar en los próximos años por parte del sistema electrónico de contrataciones. Desde el inicio, se planteó elaborar un documento de manera conjunta con el que todos los miembros de los Subgrupos pudieran estar de acuerdo; esta práctica concordaba con el espíritu de colaboración que fue un principio fundacional del Grupo de Trabajo. Todos los Subgrupos aprobaron esta iniciativa y poco después se preparó un primer borrador de la declaratoria de visión. En total, de julio a octubre de 2017, se elaboraron cinco versiones preliminares y durante la sexta Reunión Plenaria se presentó a consideración del Grupo de Trabajo una declaratoria final, la cual se aprobó por unanimidad y se incluye en el Capítulo 1 de este estudio (véase el Recuadro 1.6).

El primer borrador del documento incluía una lista de 50 objetivos estratégicos que se planeaba alcanzar con el sistema electrónico de contrataciones. Los objetivos principales de esta versión inicial se mantuvieron a lo largo de todos los borradores y en la declaratoria de visión definitiva, y se relacionan con un sistema electrónico de contrataciones públicas que:

- Puede utilizarse por todos los órdenes de gobierno (federal, estatal y municipal)
- Incluye todos los procesos de contrataciones públicas, independientemente del método de adjudicación de contratos (adjudicación directa, invitación restringida, licitación pública u otros métodos de adjudicación extraordinaria, como las exenciones al Artículo 1).[1]

El 26 de julio la OCDE, en su papel de Secretario Técnico del Grupo de Trabajo, asumió la tarea de coordinar el desarrollo de la declaratoria de visión y dirigir la elaboración de los borradores de las versiones, para incluir los comentarios de los Subgrupos y de la Secretaría de la Función Pública de México (SFP). El 23 de agosto se compartió una segunda versión del borrador con la SFP, y se recibieron comentarios de la Unidad de Política de Contrataciones Públicas (UPCP) y la Unidad de Políticas de Apertura Gubernamental y Cooperación Internacional (UPAGCI).

Las sugerencias de las unidades de la SFP se incluyeron en un tercer borrador y se compartieron con los Subgrupos para una nueva revisión el 6 de septiembre. Del 7 al 11 de septiembre, el Secretario Técnico recibió comentarios sobre el proyecto de declaratoria de visión por parte del Instituto Mexicano para la Competitividad (IMCO), el capítulo local de Transparencia Internacional (Transparencia Mexicana), México Evalúa y el Consejo Coordinador Empresarial. A partir de este trabajo conjunto de los Subgrupos y la SFP se redactó el cuarto borrador de la declaratoria de visión, mismo que se compartió con la SFP el 14 de septiembre. La cuarta versión incluía una lista condensada de 12 objetivos estratégicos para el sistema electrónico de contrataciones públicas de México (reducidos de los 50 originalmente propuestos).

Después de que la SFP revisara el cuarto borrador el 18 de septiembre, el Secretario Técnico compartió una versión final con los Subgrupos y con la SFP, el 2 de octubre. En este se incorporaron comentarios de México Evalúa y de la UPAGCI de la SFP, y antes de la sexta Reunión Plenaria del 9 de octubre se distribuyó una quinta versión a los asistentes. Durante dicha reunión, el Secretario Técnico (ST) presentó la versión final del borrador de la declaratoria de visión para consideración del Grupo de Trabajo. Después de una sola sugerencia menor por parte del Consejo Coordinador Empresarial, el documento obtuvo la aprobación unánime y se solicitó al Secretario Técnico que la versión final se incluyera en el Estudio de la OCDE sobre el sistema electrónico de contrataciones públicas de México.

Cuadro A A.1. Programa de elaboración de la declaratoria de visión para el sistema electrónico de contrataciones públicas de México

Propuesta para el desarrollo de una Declaratoria de Visión compartida	
11 de julio	• El Secretario Técnico (ST) invita a los Coordinadores de los Subgrupos (CSG) a desarrollar una declaratoria de visión (DV) con base en la propuesta del IMCO y Transparencia Mexicana.
Primer borrador de la declaratoria de visión	
18 de julio	• Transparencia Mexicana comparte el primer borrador de la VS.
19 de julio	• México Evalúa comparte sus comentarios sobre el primer borrador con los CSG.
	• La SFP (Quejas) comparte sus comentarios sobre el borrador con los CSG.
	• El Consejo Coordinador Empresarial comparte sus comentarios sobre el borrador con los CSG.
23 de julio	• La Comisión Federal de Competencia Económica (COFECE) comparte sus comentarios sobre el borrador con los CSG.
25 de julio	• El IMCO comparte sus comentarios sobre el borrador con los CSG.
Participación del ST en la coordinación de la declaratoria de visión	
26 de julio	• El ST recibe una solicitud de la SFP para coordinar la DV, así como los procesos de elaboración de borradores y revisión
Segundo borrador de la declaratoria de visión	
23 de agosto	• El ST comparte el borrador con la SFP para recibir comentarios.
1 de septiembre	• La SFP (UPAGCI) comparte sus comentarios sobre el borrador con el ST.
4 de septiembre	• La SFP (UPCP) comparte sus comentarios sobre el borrador con el ST.
6 de septiembre	• El ST comparte el borrador con la SFP para recibir comentarios.
Tercer borrador de la declaratoria de visión	
6 de septiembre	• El ST comparte el borrador con los CSG para recibir comentarios.
7 de septiembre	• El IMCO comparte sus comentarios sobre el borrador con el ST.
11 de septiembre	• El Consejo Coordinador Empresarial comparte sus comentarios sobre el borrador con el ST.
	• México Evalúa comparte sus comentarios sobre el borrador con el ST.
	• Transparencia Mexicana comparte sus comentarios sobre el borrador con el ST.
Cuarto borrador de la declaratoria de visión	
14 de septiembre	• El ST comparte el borrador con la SFP para recibir comentarios.
18 de septiembre	• La SFP comparte sus comentarios sobre el borrador con el ST.
Quinto borrador de la declaratoria de visión	
02 de octubre	• El ST comparte el borrador con los CSG y la SFP para recibir comentarios.
04 de octubre	• México Evalúa comparte sus comentarios sobre el borrador con el ST.
05 de octubre	• La SFP (UPAGCI) comparte sus comentarios el borrador con el ST.
Declaratoria de visión final incluida en el Estudio de la OCDE	
06 de octubre	• El ST comparte el borrador con los CSG para recibir comentarios.
09 de octubre	• El ST presenta el borrador del documento para ser votado y aprobado por el Grupo de Trabajo durante la sexta Reunión Plenaria. El borrador se aprueba por unanimidad, con comentarios presentados por el Consejo Coordinador Empresarial.
10 de octubre	• La declaratoria de visión se incluye en el Estudio de la OCDE sobre el sistema electrónico de contrataciones públicas de México.

Nota

[1] No se requiere (ni se permite) que los contratos celebrados entre las autoridades contratantes y otras autoridades contratantes o entidades estatales (por ejemplo, universidades), de conformidad con lo que se conoce como la exención al Artículo 1 (Artículo 1, quinto párrafo, LAASSP y Artículo 1, cuarto párrafo, LOPSRM), se suban a CompraNet.

Anexo B. Recomendaciones de los Subgrupos

Como parte del trabajo colaborativo realizado por el Grupo de Trabajo, de febrero a julio de 2017 cada Subgrupo desarrolló una serie de recomendaciones para ampliar y mejorar CompraNet. Las recomendaciones se conjuntaron en cuatro pasos: recolección de información, análisis y diagnóstico de esta, desarrollo de las recomendaciones (utilizando un formato estandarizado acordado por todos los Subgrupos) y agrupación de estas por parte del Secretario Técnico. En total, para este Estudio se consideraron 21 recomendaciones o propuestas de mejora.

Pasos 1 y 2: Recolección de información y diagnóstico del estado actual de CompraNet

Durante la primera Reunión Plenaria, celebrada el 28 de febrero de 2017, el Grupo de Trabajo definió un cronograma de trabajo de todos los Subgrupos para desarrollar un diagnóstico con base en la información recolectada sobre el estado actual de CompraNet. Estos diagnósticos, que después fueron compartidos por cada Subgrupo durante la tercera Reunión Plenaria del 8 de mayo de 2017, se elaboraron utilizando diferentes fuentes de información, como encuestas *ad hoc* (consultando a proveedores, funcionarios de contratación y OSC), revisiones de documentos, entrevistas personales, cuestionarios institucionales y análisis de datos. Cada Subgrupo tuvo la libertad de elegir los métodos de recolección de información que mejor se ajustaban a sus necesidades.

Los principales métodos utilizados por los Subgrupos para recolectar información que contribuyera a sus diagnósticos fueron los siguientes:

- Revisión documental de trabajos previos sobre contrataciones públicas por parte de organizaciones mexicanas e internacionales como Transparencia Mexicana, México Evalúa, el Instituto Nacional de Estadística y Geografía de México (INEGI), el Banco Mundial, la Comisión Europea y la OCDE.
- Encuestas electrónicas *ad hoc* preparadas para empresas (proveedores), servidores públicos, OSC y periodistas. Cada encuesta electrónica obtuvo su propia tasa de respuesta válidas consideradas para el análisis: proveedores (50 respuestas), servidores públicos (148 respuestas) y OSC y periodistas (5 respuestas cada uno).
- Se incluyó un cuestionario en papel dirigido a diferentes instituciones (la COFECE, la Auditoría Superior de la Federación y la Unidad de Coordinación de Órganos de Vigilancia y Control de la SFP) como parte del trabajo de recolección de información.

Las encuestas electrónicas representaron una de las fuentes de información más importantes, ya que se diseñaron para alcanzar a un amplio número de partes interesadas, principalmente proveedores y servidores públicos. Algunas de las ideas principales obtenidas a través de estas encuestas son las siguientes:

- *Proveedores:* *i)* Las PYME tienen menos probabilidades que las grandes empresas de obtener un contrato;[1] *ii)* Las PYME consideran que las funciones del sistema CompraNet son más difíciles de usar que las grandes empresas;[2] *iii)* A las PYME se les ofrecen muchas menos oportunidades de capacitación en general y de capacitación en el uso de CompraNet en particular que a las grandes empresas;[3] *iv)* Los proveedores consideran que las oportunidades de licitación, las decisiones de adjudicación y las juntas de aclaración son las categorías donde la información contenida en CompraNet es más útil, accesible y adecuada. Las quejas y auditorías se clasifican en último lugar frente a estas medidas (véase el Cuadro B.1); *v)* Un tercio de las empresas sostienen que han sido víctimas de corrupción pero no han presentado denuncias formales debido a la falta de confianza en las autoridades investigadoras o a que consideran que el proceso de quejas es ineficiente para los denunciantes.[4]

Cuadro A B.1. Clasificación de la calidad de la información

Calidad de la información contenida en CompraNet en relación con su suficiencia, accesibilidad, oportunidad y utilidad

	Suficiencia	Accesibilidad	Oportunidad	Utilidad	Promedio
Bases de licitación (n = 157)	3.75	3.79	3.62	3.85	**3.75**
Adjudicación (n = 156)	3.68	3.64	3.56	3.79	**3.66**
Juntas de aclaración (n = 156)	3.63	3.67	3.33	3.74	**3.59**
Ofertas y tasas de mercado (n = 142)	3.39	3.17	3.31	3.59	**3.36**
Informe de adjudicación directa (n = 141)	3.24	3.19	3.11	3.83	**3.34**
Información del programa o proyecto para el cual se lleva a cabo el proceso de contrataciones públicas (n = 144)	3.57	3.22	3.11	3.11	**3.25**
Normatividad (n = 126)	3.03	2.91	2.84	3.56	**3.08**
Normas, reglas, procedimientos y autorizaciones requeridos para la selección (n = 134)	3.09	3.03	2.74	3.14	**3.00**
Tutoriales y entrenamiento (n = 117)	2.86	3	2.76	3.3	**2.98**
Contratos (n = 127)	2.94	2.79	2.9	3.16	**2.94**
Resolución de disputas (n = 101)	2.67	2.81	2.77	3.2	**2.86**
Programa de contrataciones públicas (información sobre adjudicaciones y contratos por adjudicar) (n = 123)	3	2.54	2.72	3.15	**2.85**
Estadísticas sobre contrataciones públicas (n = 107)	2.8	2.58	2.5	2.94	**2.70**
Acuerdos sobre modificación de contratos (n = 113)	2.73	2.52	2.52	3	**2.69**
Información sobre investigaciones de mercado: precios, proveedores, insumos (n = 126)	2.48	2.34	2.42	3.46	**2.67**
Gestión y ejecución de contratos (n = 113)	2.61	2.69	2.41	2.87	**2.64**
Informe global sobre contrataciones (adjudicación y ejecución de contratos) (n = 110)	2.67	2.6	2.41	2.84	**2.63**
Funcionarios de contrataciones públicas: integridad, experiencia, desempeño (n = 134)	2.5	2.55	2.47	2.91	**2.60**
Observaciones y recomendaciones de las auditorías de la Auditoría Superior de la Federación (n = 95)	2.52	2.52	2.52	2.82	**2.59**
Observaciones y recomendaciones de las auditorías de los Órganos de Vigilancia y Control (n = 99)	2.36	2.39	2.52	2.89	**2.54**
Quejas (n = 92)	2.5	2.38	2.17	2.96	**2.50**

Fuente: Análisis de la OCDE sobre la base de datos para la encuesta electrónica a proveedores, Grupo de Trabajo Plural en Compras Públicas.

- *Servidores públicos: i)* Cuanto menor sea la unidad de compras, más probable será que los funcionarios de contratación consideren que almacenar la documentación de contrataciones por medios electrónicos tiene la misma autoridad legal que mantener archivos físico;[5] *ii)* Los funcionarios de adquisiciones utilizan CompraNet para algunos pasos del proceso de contratación pública más que otros. Por ejemplo, es más común publicar en la herramienta de contratación electrónica las bases de licitaciones que las evaluaciones de las ofertas;[6] *iii)* Las unidades de contrataciones grandes y medianas han recibido mucha más capacitación en el uso de CompraNet que las unidades pequeñas;[7] *iv)* Las unidades de contrataciones más pequeñas consideran que CompraNet es menos eficaz en la reducción de riesgos para la integridad en las contrataciones públicas.[8]

Con base en los resultados de estos diagnósticos, se solicitó a cada Subgrupo que desarrollara una lista de recomendaciones para la ampliación y mejora de CompraNet. Se esperaba que en estas recomendaciones se tomara en cuenta la operación actual de CompraNet y se trataran las áreas de oportunidad actuales para avanzar en el sistema electrónico de contrataciones públicas de México.

Cuadro A B.2. Métodos de recolección de información, por Subgrupo

Subgrupo	Coordinador de Subgrupos (participantes)	Método de recolección y fuentes de información
Publicación de información	**México Evalúa** (Consejo Coordinador Empresarial, CANACO, CMIC, COFECE, IMCO, INAI, Transparencia Mexicana)	**Revisión de documentos** (Métrica de Transparencia de la Obra Pública - MeTrOP; Encuesta Nacional de Acceso a la Información Pública y Protección de Datos Personales - ENAID / INEGI 2016; Estándar de Datos de Contrataciones Abiertas, Transparencia Mexicana; Alianza para el Gobierno Abierto, "Contrataciones públicas"; encuesta en línea (proveedores, funcionarios de contratación; OSC; periodistas); encuesta en papel (Auditoría Superior de la Federación; COFECE; Órganos Internos de Control-SFP)
Interacción con proveedores	**Consejo Coordinador Empresarial, Confederación de Cámaras Industriales** (CMIC, COFECE, COPARMEX, Asociación de Empleadores de la Fuerza de Trabajo de la Federación de México, IMCO, INADEM, INAI)	**Encuesta electrónica** (proveedores); **análisis** (metodología Análisis con el Árbol de Problemas)
Competencia y desarrollo de capacidades	**COFECE** (Consejo de Coordinador Empresarial)	**Entrevista** (a la Oficina de la Dirección General de Inteligencia de Mercados de la COFECE); **Encuesta en papel** (COFECE)
Eficiencia y eficacia	**IMCO** (Cámara Nacional de la Industria de Transformación, Consejo Coordinador Empresarial, CMIC, COFECE, INADEM, INAI)	**Revisión de documentos** ("Best practice indicators for public procurement" [Indicadores de buenas prácticas para las contrataciones públicas], Gobierno de Escocia; "Compendium of good practices for integrity in public procurement", [Integridad en la Contratación Pública, Buenas Prácticas de la A la Z], OCDE; "Contratación pública electrónica de punta a punta para modernizar la administración pública", Comisión Europea; "E -Procurement Golden Book of Good Practices" [Libro de Oro de Buenas Prácticas de Contratación Electrónica], PwC; "E-Procurement: Opportunities and Challenges" [Contratación electrónica: retos y oportunidades], Banco Mundial); **encuesta electrónica** (proveedores)
Procesamiento de quejas y denuncias	**SFP** (Consejo Coordinador Empresarial: CANACO, COPARMEX)	**Encuesta electrónica** (proveedores); **análisis** (Revisión del Sistema integral de Denuncias Ciudadanas - SIDEC)
Integridad y confianza en la herramienta	**Transparencia Mexicana** (Consejo de Coordinador Empresarial: CMIC, COFECE, CONCAMIN, IMCO, INADEM, INAI)	**Entrevista** (partes interesadas); **análisis** (revisión de información de CompraNet, revisión de la legislación vigente en materia de contrataciones públicas)

Paso 3: Desarrollo de las recomendaciones

Para la propuesta formal de recomendaciones sobre la ampliación y mejora de CompraNet, los Subgrupos acordaron utilizar un formato estándar. Este formato, el Formato Único de Observaciones y Recomendaciones (FUOR) fue sugerido por primera vez por el Subgrupo de Interacción con proveedores coordinado por el CCE y la Confederación de Cámaras Industriales (CONCAMIN). La idea de desarrollar un documento FUOR se presentó a todos los miembros del Grupo de Trabajo durante la tercera Reunión Plenaria el 8 de mayo de 2017. El 15 de mayo, el Secretario Técnico compartió un primer borrador del formato FUOR con la SFP para recibir comentarios y sugerencias; más adelante, el 26 de mayo, el Secretario Técnico compartió el borrador modificado con los Subgrupos, con el mismo fin. El formato fue aprobado por todos los Subgrupos y el 1 de junio se llevó a cabo una junta de aclaración de todos los coordinadores de grupo referente a la manera de llenarlo. Las principales características y componentes del formato FUOR son las siguientes:

- Incluye un análisis de costo-beneficio, así como un análisis de los cambios en materia jurídica que podrían derivarse de la implementación de las recomendaciones propuestas.
- Contiene una sección para describir la justificación considerada por cada Subgrupo al plantear las recomendaciones.

Los subgrupos compartieron sus formatos FUOR finales con el Secretario Técnico el 12 de junio. En total, se recibieron 30 formatos y 51 recomendaciones (los Subgrupos tenían libertad para desarrollar un formato FUOR para cada recomendación o agrupar varios en un solo formato).

El Secretario Técnico recibió las siguientes recomendaciones de los Subgrupos:

Cuadro A B.3. Escriba el título aquí

Subgrupos	Formatos FUOR recibidos	Recomendaciones recibidas	Principales cuestiones abordadas en los formatos FUOR de los Subgrupos
Publicación de información	13	13	Publicación de información; documentos que respaldan el ciclo de contratación completo
Interacción con proveedores	14	14	Publicación de información; disponibilidad de información para consulta
Competencia y desarrollo de capacidades	1	8	Publicación de información; disponibilidad de información para consulta
Eficiencia y eficacia	0	0	*Análisis del cumplimiento del procesos en CompraNet
Procesamiento de quejas	1	4	Módulo de quejas de CompraNet
Integridad y confianza en la herramienta	1	12	Registro de información; auditorías de datos; publicación de información

Paso 4: Agrupación de las recomendaciones por parte del Secretario Técnico

Una vez que se compartieron los formatos FUOR con el Secretario Técnico, la OCDE llevó a cabo un análisis de agrupación de las 51 recomendaciones recibidas. Estas abarcaban una amplia gama de temas que después se agruparon en 21 temas generales. Como resultado de este análisis de frecuencia se identificaron dos temas principales que prevalecieron en la mayoría de los FUOR:

- Un documento general y la publicación de información para el ciclo de contratación completo (información de punta a punta)
- Desarrollo y estricto cumplimiento general de los estándares de datos abiertos para la clasificación de productos y servicios (similar al Clasificador Único de las Contrataciones Públicas, CUCOP, ya en operación).

Las recomendaciones fueron reunidas por el Secretario Técnico y compartidas con el Grupo de Trabajo el 18 de julio de 2017, durante la quinta Reunión Plenaria. A partir del análisis del Secretario Técnico, las 51 recomendaciones originales se agruparon y abreviaron en 21 categorías. En esta versión abreviada se tomaron en cuenta todas las recomendaciones planteadas por los Subgrupos. El análisis también indica la frecuencia con la que se mencionó cada recomendación en el conjunto de formatos FUOR recibidos, así como el número total de Subgrupos que abordaron cada tema. A continuación se ilustran los resultados del análisis de agrupación.

Cuadro A B.4. Recomendaciones agrupadas

Recomendación general	Número de Subgrupos que mencionan la recomendación en sus FUOR	Frecuencia con la que se menciona la recomendación en los FUOR
1. Publicación de información	4	17
2. Disponibilidad de la información para consulta	3	9
3. Registro de información/captura de datos	3	8
4. Inteligencia empresarial/Investigación de mercado	4	6
5. Notificación de licitación	4	6
6. Proceso transaccional completo	4	5
7. Documentación de punta a punta	3	5
8. Módulo de quejas	2	5
9. Estándares de datos abiertos para la clasificación de productos y servicios (CUCOP)	3	4
10. Registro de cambios	3	4
11. Descarga de información	3	4
12. Auditorías de datos	2	4
13. Registro de proveedores (RUPC)	2	3
14. Planificación anual	2	3
15. Publicación de licitaciones	2	2
16. Creación de nuevos módulos	1	2
17. Interconexión del sistema	1	2
18. Juntas de aclaración	1	1
19. Subcontratación y asignación de derecho de cobro	1	1
20. Ejecución de contrato	1	1
21. Opinión favorable de la Tesorería, servicios sociales y garantías bancarias	1	1

Cuadro A B.5. Cronograma para desarrollar las recomendaciones de los Subgrupos sobre CompraNet

Marco de la recolección de métodos de información y desarrollo de diagnósticos en CompraNet	
28 de febrero	Durante la 1ª Reunión Plenaria, se asigna a los Subgrupos la tarea de elaborar un diagnóstico sobre el estado actual de CompraNet.
Marzo-abril	Los Subgrupos definen sus métodos de recolección de información, que incluyen encuestas electrónicas, revisiones de documentos, entrevistas y cuestionarios en papel.
8 de mayo	Los Subgrupos comparten sus diagnósticos con el Grupo de Trabajo durante la 3ª Reunión Plenaria.
Desarrollo e implementación de los formatos FUOR	
8 de mayo	Los Subgrupos de Interacción con Proveedores presentan una propuesta para el desarrollo de un formato FUOR a todos los miembros del Grupo de Trabajo durante la 3ª Reunión Plenaria. La propuesta es aprobada por el Grupo de Trabajo y se le asigna al Secretario Técnico (ST) la tarea de coordinar y gestionar el desarrollo del formato FUOR.
15 de mayo	El ST comparte el primer borrador del formato FUOR con la SFP para recibir comentarios.
26 de mayo	El ST comparte el segundo borrador del formato FUOR con los Subgrupos para recibir comentarios.
1 de junio	El ST lleva a cabo una junta de aclaración con todos los coordinadores de Subgrupos para analizar cualquier duda relativa a cómo llenar el formato.
12 de junio	Los subgrupos comparten sus formatos FUOR con el ST para su futura agrupación y análisis.
Análisis de agrupación de recomendaciones	
13 de junio-17 de julio	El ST emprende un análisis de agrupación de las recomendaciones compartidas por los Subgrupos en sus formatos FUOR.
18 de julio	El ST comparte el análisis final de agrupación con el Grupo de Trabajo durante la 5ª Reunión Plenaria.

Notas

[1] Adjudicaciones de contratos para empresas que utilizaron CompraNet de manera activa durante los últimos cinco años, por su tamaño: micro (a 43% de las microempresas no se les ha adjudicado por lo menos un contrato durante los últimos cinco años), pequeñas (44%), medianas (25%) y grandes (6%).

[2] Facilidad de uso de las diferentes funciones del sistema incluidas en CompraNet, por tamaño de empresa: micro (29% de las microempresas consideran que las funciones de CompraNet son fáciles de usar), pequeñas (44%), medianas (50%) y grandes (88%).

[3] Oportunidades de capacitación y desarrollo de capacidades para utilizar CompraNet, por tamaño de empresas: PYMEs (a 33% de las PYME se les ha ofrecido oportunidades de capacitación y desarrollo de capacidades para utilizar CompraNet), grandes (75%).

[4] Razones para no presentar quejas formales utilizando el SIDEC (el sistema de quejas de la SFP) contra funcionarios públicos en casos de corrupción en los procesos de contrataciones públicas: no hubo casos de corrupción de los cuales quejarse (69%); hubo por lo menos un caso de corrupción del cual quejarse, pero las empresas no confían en las autoridades investigadoras y/o consideran que el proceso de quejas resulta ineficiente para los denunciantes (31%).

[5] Validez legal de archivos electrónicos vs. archivos físicos para la documentación de contrataciones públicas: unidades pequeñas de contrataciones públicas (6.5% de los funcionarios de las unidades de contrataciones públicas pequeñas consideran que los archivos físicos tienen mayor validez legal que los electrónicos), unidades medianas (13%) y unidades grandes (17%).

[6] Uso de CompraNet para diferentes pasos del proceso de contrataciones públicas: bases de licitaciones (95% de los funcionarios de contrataciones públicas dicen que utilizan CompraNet para este paso), apertura de ofertas (82%), juntas de aclaración (79%) y evaluación de ofertas (61%).

[7] Capacitación suficiente para utilizar CompraNet: unidades pequeñas (58% de los funcionarios de unidades pequeñas de contrataciones públicas consideran que no han recibido capacitación suficiente para utilizar CompraNet); unidades medianas y grandes (46%).

[8] Con base en su experiencia, en comparación con los métodos de contacto presencial, ¿ha causado o no CompraNet algún efecto respecto a los riesgos a la integridad en las contrataciones públicas? Por tamaño de unidad: unidades pequeñas (42% de las unidades pequeñas de contrataciones públicas consideran que CompraNet no ha tenido efectos positivos en materia de riesgos a la integridad en comparación con los métodos anteriores de contacto presencial), unidades medianas y grandes (13%).

LA ORGANIZACIÓN PARA LA COOPERACIÓN Y EL DESARROLLO ECONÓMICOS (OCDE)

La OCDE constituye un foro único en su género, donde los gobiernos trabajan conjuntamente para afrontar los retos económicos, sociales y medioambientales que plantea la globalización. La OCDE está a la vanguardia de los esfuerzos emprendidos para ayudar a los gobiernos a entender y responder a los cambios y preocupaciones del mundo actual, como el gobierno corporativo, la economía de la información y los retos que genera el envejecimiento de la población. La Organización ofrece a los gobiernos un marco en el que pueden comparar sus experiencias políticas, buscar respuestas a problemas comunes, identificar buenas prácticas y trabajar en la coordinación de políticas nacionales e internacionales.

Los países miembros de la OCDE son: Alemania, Australia, Austria, Bélgica, Canadá, Chile, Corea, Dinamarca, Eslovenia, España, Estados Unidos de América, Estonia, Finlandia, Francia, Grecia, Hungría, Irlanda, Islandia, Israel, Italia, Japón, Letonia, Luxemburgo, México, Noruega, Nueva Zelanda, Países Bajos, Polonia, Portugal, Reino Unido, República Checa, República Eslovaca, Suecia, Suiza y Turquía. La Comisión Europea participa en el trabajo de la OCDE.

Las publicaciones de la OCDE aseguran una amplia difusión de los trabajos de la Organización. Éstos incluyen los resultados de la compilación de estadísticas, los trabajos de investigación sobre temas económicos, sociales y medioambientales, así como las convenciones, directrices y los modelos desarrollados por los países miembros.

ÉDITIONS OCDE, 2, rue André-Pascal, 75775 PARÍS CEDEX 16
(04 2017 14 4 P) ISBN 978-92-64-28743-3 – 2018